KOMPAKT-WISSEN
FRANZÖSISCH Abitur

W0395750

Karl-Heinz Hahn

Themenwortschatz

STARK

ISBN: 3-89449-657-6

D-85318 Freising · Postfach 1852 · Tel. (08161)1790

Inhalt

Fortsetzung siehe nächste Seite

Abkürzungsverzeichnis

ant.	*antonyme*
cath.	*catholique*
f	*féminin*
fam	*familier*
fpl	*féminin pluriel*
jdm.	jemandem
jdn.	jemanden
kath.	katholisch
m	*masculin*
mpl	*masculin pluriel*
p. ex.	*par exemple*
prot.	protestantisch, *protestant*
qc	*quelque chose*
qn	*quelqu'un*
syn.	*synonyme*
≠	*antonyme*
=	*synonyme*

Vorwort

Liebe Schülerinnen, liebe Schüler,

wer sich differenziert ausdrücken möchte, ist auf einen umfangreichen Wortschatz angewiesen. Deshalb ist Wortschatzarbeit ein wichtiger Schwerpunkt beim Erlernen einer Fremdsprache. Der vorliegende Band aus der Reihe „Kompakt-Wissen“ soll Sie bei der **Festigung und Erweiterung Ihres Wortschatzes** unterstützen. Er ist in sieben lehrplanrelevante Themenbereiche gegliedert: *L'homme dans l'espace et dans la nature, L'histoire, La politique, La société, L'économie, La culture* und *L'information et la communication.*

Eine wichtige Rolle bei der erfolgreichen Wortschatzarbeit spielen die Verwendungsmöglichkeiten eines Wortes. Aus diesem Grund enthalten die einzelnen Einträge neben der **deutschen Entsprechung** der Vokabeln **französische Definitionen** oder **Beispielsätze**, die Ihnen die Verwendung in einem typischen Kontext aufzeigen. Darüber hinaus vermitteln die Beispielsätze wichtige sprachliche Strukturen oder landeskundliche Informationen. Die Angabe von **Synonymen** und **Antonymen** hilft Ihnen dabei, sich einen differenzierten Wortschatz anzueignen.

Im Anhang finden Sie ein **Abkürzungsverzeichnis** zum schnellen Nachschlagen. Es gibt Aufschluss über die Bedeutung häufig vorkommender französischer Abkürzungen von A.N.P.E. bis Z.U.P. Die ***Liste de faux amis*** hilft Ihnen, typischen Stolpersteinen im Bereich des Wortschatzes aus dem Weg zu gehen, indem sie Begriffe anführt, die oft fehlerhaft verwendet werden – so heißt *gymnase* nicht „Gymnasium“, sondern „Turnhalle“.

Ich wünsche Ihnen viel Erfolg bei der Arbeit mit diesem Band!

Karl-Heinz Hahn

L'homme dans l'espace et dans la nature

1 La nature et l'environnement

terme français	dt. Bedeutung	définition/contexte	syn./ant.
l'hémisphère [m] nord	*Nordhalbkugel*	La France métropolitaine se trouve sur l'hémisphère nord de la Terre.	= l'hémisphère boréal
l'hémisphère sud	*Südhalbkugel*	L'île de la Réunion est un département d'outre-mer situé sur l'hémisphère sud.	= l'hémisphère austral
le globe (terrestre)	*Erdkugel*	boule sur laquelle la Terre est représentée	
le pôle Nord	*Nordpol*	La position du pôle Nord magnétique n'est pas la même que celle du pôle Nord géographique.	= le pôle arctique
le pôle Sud	*Südpol*	Le pôle Sud se trouve à 90 degrés de latitude Sud.	= le pôle antarctique, le pôle austral
l'Arctique [m]	*Arktis*	région située près du pôle Nord	
l'Antarctique [m]	*Antarktis*	région située autour du pôle Sud	
le degré de latitude	*Breitengrad*	Paris se trouve à 49 degrés de latitude Nord et 2 degrés de longitude Est.	
le degré de longitude	*Längengrad*		
le parallèle	*Breitenkreis*	Paris et Kiev sont sur le même parallèle.	
le méridien	*Längenkreis*	cercle qui passe par les deux pôles	

terme français	dt. Bedeutung	définition/contexte	syn./ant.
le cercle polaire	*Polarkreis*	parallèle se trouvant à 66,5 degrés de latitude Nord ou Sud	
l'équateur [m]	*Äquator*	L'équateur est situé à distance égale des pôles.	
le tropique	*Wendekreis*	chacun des deux cercles de la sphère terrestre, parallèles à l'équateur et se trouvant à 23,5 degrés de latitude Nord ou Sud	
la catastrophe naturelle	*Naturkatastrophe*	catastrophe qui n'a pas été causée par l'homme	
le déluge	*Sintflut*	inondation d'un grand terrain après une pluie forte (d'après la Bible)	
l'inondation [f]	*Überflutung*	débordement des eaux qui se répandent sur les environs	
inonder	*überfluten*	La Loire a inondé toute sa plaine.	= submerger
le raz-de-marée	*Flutwelle; Sturmflut*		
le glissement de terrain	*Erdrutsch*		
le tremblement de terre	*Erdbeben*	ébranlement d'une partie de la croûte terrestre	
l'amplitude [f]	*Stärke (eines Erdbebens)*		
l'échelle [f] de Richter	*Richter-Skala*	L'échelle de Richter donne l'intensité d'un tremblement de terre.	
le volcan	*Vulkan*	Le Puy-de-Dôme est un volcan éteint en Auvergne.	

terme français	dt. Bedeutung	définition/contexte	syn./ant.
volcanique	*vulkanisch*	Depuis le tertiaire, il y a eu une éruption volcanique importante en Auvergne.	
en activité	*aktiv (Vulkan)*	En France, il n'y a plus de volcans en activité.	≠ éteint
l'éruption [f]	*Vulkanausbruch*	En Auvergne, les dernières éruptions remontent à 3 000 ou 4 000 ans.	
le relief	*Relief*	ensemble des inégalités de la surface terrestre	
le bassin	*Becken*	Le Bassin parisien est constitué de l'Ile-de-France et des régions voisines.	
la chaîne de montagnes de hauteur moyenne	*Mittelgebirge*	Les Vosges sont une chaîne de montagnes de hauteur moyenne.	
la haute montagne	*Hochgebirge*	Mme Chalaron aime passer ses vacances en haute montagne.	
montagneux, montagneuse	*gebirgig*	Le Massif central est une région montagneuse.	
le pays plat	*Flachland*	pays qui a peu de relief	= la plaine
la vallée	*Tal*	Dans la vallée de la Loire, il y a des centaines de châteaux.	= le vallon, le val
l'avalanche [f]	*Lawine*	glissement d'une masse de neige	
être enseveli, e	*verschüttet werden*	Le skieur emporté par l'avalanche a été enseveli.	
le glacier	*Gletscher*	grande masse de glace formée par l'accumulation de neige	

terme français	dt. Bedeutung	définition/contexte	syn./ant.
le climat continental	*Landklima*	L'hiver froid et l'été chaud sont caractéristiques pour le climat continental.	
le climat maritime	*Seeklima*	climat des régions se trouvant près de la mer	
le climat tropical	*Tropenklima*	climat chaud et plutôt humide des régions équatoriales	
la zone climatique	*Klimazone*	zone dont les régions ont à peu près le même climat	
la zone polaire	*Polarzone*		
la zone tempérée	*gemäßigte Zone*	La France métropolitaine se trouve en zone tempérée.	
la zone tropicale	*Tropenzone*	Mayotte est un territoire français dans la zone tropicale.	
la forêt tropicale	*tropischer Regenwald*	La forêt tropicale est menacée par le déboisement.	
le désert	*Wüste*	région sèche où la vie végétale et animale n'existent presque pas	
l'oasis [f, m]	*Oase*	lieu dans un désert où il y a une végétation liée à la présence d'eau	
l'air [m]	*Luft*	Le week-end, les Parisiens quittent la capitale pour changer d'air.	
l'atmosphère [f]	*Atmosphäre*	couche gazeuse qui entoure notre planète	
la pression atmosphérique	*Luftdruck*	pression exercée par l'atmosphère sur le sol	

terme français	dt. Bedeutung	définition/contexte	syn./ant.
la zone de basse pression	*Tief(druckgebiet)*		= la dépression
la zone de haute pression	*Hoch(druckgebiet)*	En été, la Méditerranée se trouve dans une zone de haute pression.	= l'anticyclone [m]
le vent de mer	*Seewind*	vent de provenance maritime	= le vent du large
le vent de terre	*Landwind*	vent qui vient du continent	
la force du vent	*Windstärke*	La force du vent est utilisée pour produire de l'énergie.	
le cyclone	*Wirbelsturm*	L'œil du cyclone est la partie centrale du cyclone.	
le fœhn	*Föhn*	vent chaud et sec qui souffle d'une haute montagne, p. ex. des Alpes	
l'ouragan [m]	*Orkan*		
la tempête	*Sturm*	Reste à la maison, il va y avoir de la tempête.	
la tornade	*Tornado*		
la température moyenne	*Durchschnittstemperatur*	Paris a une température moyenne de 11°.	
la canicule	*Hitzeperiode*	En France, la canicule de l'été 2003 a fait quelque 11 500 morts.	
la chaleur	*Hitze*	temps très chaud	≠ le froid
la sécheresse	*Trockenheit, Dürre*	temps très sec	≠ l'humidité [f]
le froid	*Kälte*	Mets un pull, tu vas avoir froid!	≠ la chaleur
le gel	*Frost*	température au-dessous de 0°	= la gelée
geler	*(ge)frieren; zufrieren*	Les plus grands fleuves de France ne gèlent jamais.	

terme français	dt. Bedeutung	définition/contexte	syn./ant.
le dégel	*Tauwetter*		
dégeler	*auftauen*	Le soleil a dégelé le lac.	
l'hygrométrie [f]	*Luftfeuchtigkeit*	humidité de l'atmosphère	
les précipitations [fpl]	*Niederschläge*	Le brouillard, la pluie, la neige et la grêle sont des précipitations.	
l'averse [f]	*Regenschauer*	La météo annonce des averses pour demain.	
la bruine	*Sprühregen*	petite pluie fine	
la pluie persistante	*Dauerregen*	pluie qui dure longtemps	
pluvieux, pluvieuse	*regnerisch*	La Bretagne est une région pluvieuse.	
la grêle	*Hagel*	pluie de petits glaçons	
la neige	*Schnee*	Les Jousset partiront en vacances de neige.	
la fonte des neiges	*Schneeschmelze*	En montagne, la fonte des neiges a lieu au printemps.	
l'orage [m]	*Gewitter*	L'orage gronde.	
l'éclair [m]	*Blitz*	Le ciel est sillonné d'éclairs.	
le tonnerre	*Donner*	N'aie pas peur du tonnerre!	

2 La pollution et la protection de l'environnement

terme français	dt. Bedeutung	définition/contexte	syn./ant.
l'écologie [f]	*Ökologie*	étude des rapports entre les êtres vivants et leur milieu	
écologique	*umweltfreundlich*		= non polluant

terme français	dt. Bedeutung	définition/contexte	syn./ant.
l'écolo(giste) [m, f]	*Ökologe, Ökologin, Umweltschützer(in)*	protecteur de l'environnement	
l'écosystème [m]	*Ökosystem*	La forêt tropicale est un écosystème menacé par la déforestation.	
la réserve naturelle	*Naturschutzgebiet*	territoire où la protection des plantes et des animaux est prioritaire	
la biodiversité	*Artenvielfalt*	La France voit s'appauvrir sa biodiversité.	
les espèces [fpl] disparues	*ausgestorbene Arten*	Le mammouth est une espèce disparue.	
être menacé(e) de disparition	*vom Aussterben bedroht sein*		= être en voie de disparition
les espèces menacées	*vom Aussterben bedrohte Arten*	En France métropolitaine, on compte plus de 120 espèces menacées.	
les espèces protégées	*geschützte Arten*	plantes et animaux qui doivent être protégés	
l'exploitation [f] abusive de la nature	*Raubbau an der Natur*	La pêche intensive est une forme d'exploitation abusive de la nature.	= le pillage de la nature
le déboisement	*Abholzung*	action d'abattre les arbres d'un terrain	= la déforestation
le reboisement	*Wiederaufforstung*	action de replanter des arbres dans une région déboisée	
la qualité de (la) vie	*Lebensqualität*	«Il n'y a aucune raison d'opposer qualité de vie dans la capitale … et attractivité économique.»	

terme français	dt. Bedeutung	définition/contexte	syn./ant.
la société de gaspi(llage)	*Wegwerfgesellschaft*	L'emballage en plastique représente le produit-symbole de la société de gaspillage française.	
les nuisances [fpl]	*Umweltschäden*	L'effet de serre provoque des nuisances en France comme la sécheresse.	
le principe pollueur-payeur	*Verursacherprinzip*	principe selon lequel le pollueur doit payer pour les nuisances dont il est responsable	
la législation en matière d'environnement	*Umweltgesetzgebung*	ensemble des lois destinées à protéger l'environnement	
la pollution de l'environnement	*Umweltverschmutzung*	Des O.N.G. comme *Greenpeace* luttent contre la pollution de l'environnement.	≠ la protection de l'environnement
le pollueur, la pollueuse	*Umweltverschmutzer(in)*	industrie rendant impropre l'environnement	
les polluants [mpl]	*Schadstoffe*		= les produits [mpl] toxiques
polluer	*verschmutzen, verseuchen, vergiften*	La Seine est très polluée par les industries en région parisienne.	
les problèmes [mpl] de l'environnement	*Umweltprobleme*		
la protection de l'environnement	*Umweltschutz*	La protection de l'environnement est capitale pour la qualité de vie.	
le délinquant écologique, la délinquante écologique	*Umweltsünder(in)*	personne dont le comportement est nuisible à l'environnement	= le pollueur, la pollueuse

terme français	dt. Bedeutung	définition/contexte	syn./ant.
les infractions [fpl] contre l'environnement	*Umweltkriminalität*	La pollution de l'air, de l'eau et du sol comptent parmi les infractions contre l'environnement.	
le poison	*Gift*	substance qui est dangereuse pour l'organisme	
empoisonner	*vergiften*	Ces poissons ont été empoisonné.	
toxique	*giftig*	L'arsenic est une substance toxique.	
biodégradable	*biologisch abbaubar*	qui peut être décomposé biologiquement	≠ non dégradable
l'émission [f]	*Emission, Ausstoß*	L'émission de gaz nocifs provoque l'effet de serre.	
la pollution de l'air	*Luftverschmutzung*	La pollution de l'air est un grave problème des mégalopoles.	
la cloche de pollution	*Dunstglocke*		
le smog	*Smog*	situation typique dans quelques centres industriels où il y a de la fumée et du brouillard en même temps	
les émissions [fpl] gazeuses	*Abgase*	Les émissions gazeuses des usines chimiques polluent la vallée du Rhône.	
les fumées [fpl] industrielles	*Industrieabgase*		
les gaz [mpl] d'échappement	*Autoabgase*	gaz qui proviennent de véhicules automobiles	
l'anhydride [m] sulfureux	*Schwefeldioxid*		= SO_2

terme français	dt. Bedeutung	définition/contexte	syn./ant.
le gaz carbonique	*Kohlendioxid*	Les arbres assimilent du gaz carbonique de l'air.	= dioxyde de carbon, CO_2
l'oxyde [m] de carbone	*Kohlenmonoxid*	L'oxyde de carbon est un gaz incolore et inodore.	= CO
le pot catalytique	*Katalysator*	En France, l'usage du pot catalytique est obligatoire sur les voitures neuves.	
les pluies [fpl] acides	*saurer Regen*	Les pluies acides sont provoquées par les émissions gazeuses.	
le dépérisse-ment de la forêt	*Waldsterben*	Les Vosges sont une montagne dans laquelle le dépérissement de la forêt menace l'industrie forestière.	
l'ozone [m]	*Ozon*	La couche d'ozone est trouée au-dessus des régions polaires.	
le trou d'ozone	*Ozonloch*	Les trous d'ozone continuent à grandir.	
la bombe aérosol	*Spraydose*	La bombe aérosol est un polluant de l'air.	
la fluctuation climatique	*Klimaänderung, Klimawandel*		
l'effet [m] de serre	*Treibhauseffekt*	effet climatique qui cause un réchauffement de l'atmosphère	
le dégel des glaciers	*Abschmelzen der Gletscher*	Le dégel des glaciers provoque un changement de climat.	= la fonte des glaciers
la désertifi-cation	*Desertifikation, Wüstenbildung*	Une partie du Sahel est tranformée en désert à la suite de facteurs clima-tiques et humains.	

terme français	dt. Bedeutung	définition/contexte	syn./ant.
la pollution de l'eau	*Wasserverschmutzung*	La pollution de l'eau des océans cause la mort de beaucoup de poissons.	
l'eau [f] potable	*Trinkwasser*	L'alimentation en eau potable est menacée dans les régions inondées.	
préserver la propreté des eaux	*Gewässer sauber halten*	Il faut préserver la propreté des eaux pour les prochaines générations.	
les eaux [fpl] usées	*Abwasser*	Les eaux usées ménagères sont polluées par les détergents.	
l'épuration [f] des eaux usées	*Abwasserreinigung*	action de purifier les eaux afin de les réutiliser	
la station d'épuration	*Kläranlage*	Les eaux usées sont traitées dans les stations d'épuration.	
la pollution du littoral	*Küstenverschmutzung*	La pollution du littoral normand en janvier 2003 a été causée par le pétrolier *Prestige*.	
le dégazage	*Tankreinigung (von Schiffen)*	Le dégazage en haute mer est illégal.	
la marée noire	*Ölpest*	marée rejetant sur les plages du mazout qui provient des pétroliers	
la pollution du sol	*Bodenverschmutzung*	Certains engrais causent la pollution du sol.	
l'érosion [f] (du sol)	*Bodenerosion, Bodenabtragung*	Sur la côte atlantique, les forêts de pins empêchent l'érosion du sol.	
la friche	*Brachland*	terre non cultivée	= la jachère
l'élevage [m] en masse	*Massentierhaltung*		

terme français	dt. Bedeutung	définition/contexte	syn./ant.
l'engrais [m] (chimique)	*(Kunst-)Dünger*		= les fertilisants [mpl]
le lisier	*Gülle*	mélange liquide d'excréments des animaux qu'on utilise comme engrais	
l'emploi [m] abusif de	*übermäßige Verwendung von*	L'emploi abusif de lisier et d'engrais pollue la nappe phréatique.	
le désherbant	*Unkrautvernichtungsmittel*	Le désherbant pollue le sol et l'eau.	
le fongicide	*Fungizid (pilztötendes Mittel)*	Un fongicide détruit les champignons parasites.	
l'insecticide [m]	*Insektenbekämpfungsmittel*		
le pesticide	*Pestizid, chemisches Schädlingsbekämpfungsmittel*	La mise en vente d'un pesticide est soumise à une autorisation préalable.	
les déchets [mpl]	*Abfall*	ce que l'on jette	= les détritus [mpl]
les déchets industriels	*Industrieabfälle*		
les déchets organiques	*kompostierbarer Abfall*	Les déchets organiques peuvent être utilisés pour la production de biogaz.	
les déchets toxiques	*Sondermüll, Giftmüll*	déchets qui sont dangereux pour les organismes	
les ordures [fpl] ménagères	*Hausmüll*	Les ordures ménagères sont triées selon leur nature.	
la décharge	*Müllkippe*	place où l'on dépose les ordures	

terme français	dt. Bedeutung	définition/contexte	syn./ant.
la décharge sauvage	*wilde Müllkippe; wildes Müllabladen*	La décharge sauvage contribue à la pollution de la nappe phréatique.	
l'éboueur [m]	*Müllmann*	personne qui vide les ordures	
la poubelle	*Mülltonne*	De Poubelle, préfet de la Seine, a imposé l'usage des poubelles au 19e siècle.	
le sac poubelle	*Müllsack*		
le ramassage des ordures	*Müllabfuhr*	En France, le ramassage des ordures est un service public.	
l'usine [f] d'incinération	*Müllverbrennungsanlage*		
incinérer	*(Müll) verbrennen*	Il est interdit d'incinérer ses déchets ménagers.	
le tri des déchets	*Müllsortierung*	séparation et regroupement des déchets	= le tri sélectif
trier	*(Müll) sortieren*	90 % des ménages en France ont la possibilité de trier leurs déchets.	
le conteneur	*(Sammel-) Container*	Dans les conteneurs à verre, il ne faut pas déposer de vitres.	
le recyclage	*Recycling*	action de réintroduire des déchets dans le cycle de production	
recyclable	*recycelbar*		
recycler	*recyceln*	Le verre est la seule matière que l'on puisse recycler plusieurs fois.	
le papier à recycler	*Altpapier*		= le vieux papier
le papier recyclé	*Recyclingpapier*		

terme français	dt. Bedeutung	définition/contexte	syn./ant.
le verre à recycler	*Altglas*	La collecte du verre à recycler se fait dans des conteneurs à verre.	= le verre usagé
la bouteille non consignée	*Einwegflasche*	bouteille utilisée une seule fois	≠ la bouteille consignée
l'emballage [m] perdu	*Einweg-verpackung*		≠ l'emballage [m] consigné
les énergies [fpl] alternatives	*alternative Energien*	les énergies éolienne, solaire, hydraulique, etc.	
l'énergie renouvelable	*erneuerbare Energie*	énergie qui provient de sources naturelles non épuisables	
l'énergie solaire	*Solarenergie*		
le collecteur solaire	*Solar-, Sonnen-kollektor*		
l'énergie éolienne	*Windenergie*	énergie produite avec la force du vent	
l'éolienne [f]	*Windrad, Windkraftanlage*	roue souvent métallique captant l'énergie du vent	
l'énergie hydraulique	*Wasserkraft-energie*	énergie produite avec la force du courant de l'eau	
la centrale hydro-électrique	*Wasserkraftwerk*	Auprès du Rhone, il y a de nombreuses centrales hydro-électriques.	
les radiations [fpl] radio-actives	*radioaktive Strahlung*	Marie Curie est morte en 1934 à la suite des radiations radioactives du radium.	
la radioactivité	*Radioaktivität*	En 1903, Henri Becquerel et Marie et Pierre Curie ont reçu le prix Nobel de physique pour leurs travaux sur la radioactivité.	

terme français	dt. Bedeutung	définition/contexte	syn./ant.
les déchets [mpl] radioactifs	*radioaktive Abfälle*	Les déchets radioactifs de moyenne activité sont stockés en surface.	
la contamination (radioactive)	*radioaktive Verseuchung*		≠ la décontamination
contaminer	*verseuchen*	La rivière a été contaminée.	≠ décontaminer
les retombées [fpl] radioactives	*radioaktiver Niederschlag*	Toute explosion nucléaire entraîne des retombées radioactives.	
le stockage des déchets radioactifs	*Lagerung von Atommüll*	Le stockage des déchets radioactifs en couches géologiques profondes est très controversé.	
le stockage définitif	*Endlagerung*		≠ le stockage provisoire
la centrale nucléaire	*Atomkraftwerk*	Une des plus grandes et plus vieilles centrales nucléaires de France se trouve à Chinon sur la Loire.	= la centrale atomique
le retraitement des combustibles irradiés	*Wiederaufarbeitung von Brennelementen*	Le retraitement des combustibles irradiés allemands se fait dans l'usine de retraitement COGEMA à La Hague.	= le retraitement nucléaire
l'usine [f] de retraitement	*Wiederaufarbeitungsanlage*		
l'accident [m] nucléaire majeur	*größter anzunehmender Unfall (GAU)*	Dans les centrales nucléaires en France, il n'y a pas encore eu d'accident nucléaire majeur.	
l'incident [m] nucléaire	*nuklearer Störfall*		

terme français	dt. Bedeutung	définition/contexte	syn./ant.
l'essai [m] nucléaire	*Atomtest*	Sur l'atoll de Mururoa en Polynésie, la France a fait ses essais nucléaires jusqu'en 1996.	
la pollution sonore	*Lärmbelästigung*	54 % des personnes vivant dans les grandes villes de France placent la pollution sonore en tête des nuisances.	= la nuisance sonore
la source de bruit	*Lärmquelle*	La première source de bruit sont les transports automobile, ferroviaire et aérien.	
le bruit d'avions	*Fluglärm*		
le bruit de la circulation	*Verkehrslärm*		
l'isolation [f] phonique	*Schallisolierung*	Le *Plan national d'actions contre le bruit* entend tout d'abord améliorer l'isolation phonique des logements soumis à un bruit excessif.	

3 L'habitat et l'urbanisme

terme français	dt. Bedeutung	définition/contexte	syn./ant.
l'agglomération [f]	*Ballungsgebiet; Siedlung*	20 % de la population française habitent dans l'agglomération parisienne.	
très peuplé, e	*dicht besiedelt*		≠ peu peuplé
le citadin, la citadine	*Stadtbewohner(in)*	habitant(e) d'une ville	

terme français	dt. Bedeutung	définition/contexte	syn./ant.
l'urbanisation [f]	*Verstädterung*	Pendant l'industrialisation, il y avait une forte urbanisation des zones rurales autour des villes industrielles.	
urbain, e	*städtisch*		
la population urbaine	*Stadtbevölkerung*	ensemble des personnes habitant en ville	
l'urbanisme [f]	*Städtebau; Stadtplanung*	étude qui concerne l'adaptation de l'habitat urbain aux besoins des hommes	
l'exode [m] rural	*Landflucht*	Après la Seconde Guerre mondiale, l'exode rural a recommencé en France.	≠ l'exode [m] urbain
l'exode [m] urbain	*Stadtflucht*	retour de la population urbaine à la campagne	≠ l'exode [m] rural
la capitale	*Hauptstadt*	Paris est la capitale et la plus grande ville de France.	
la mégalopole	*Megalopolis, Riesenstadt*	Marseille et Lyon sont des mégalopoles.	
la banlieue	*Vorortzone, Stadtrandgebiet*	L'arrivée de nombreux Français d'Algérie dans les années 60 a contribué à une croissance de la banlieue des grandes villes.	
le banlieusard, la banlieusarde	*Vorortbewohner(in)*	personne qui habite dans la banlieue	
le faubourg	*Vorstadt*		
faire la navette	*pendeln (zwischen Wohn- und Arbeitsstätte)*	M. Berthet habite à La Garenne et travaille à Paris: il fait la navette du lundi au vendredi.	
la périphérie	*Stadtrand*		

terme français	dt. Bedeutung	définition/contexte	syn./ant.
la ville-dortoir	*Schlafstadt*	Saint-Ouen-en-Brie est une ville-dortoir typique: il n'y a ni maison des jeunes, ni commerce, ni café.	
la ville satellite	*Trabantenstadt*	ville qui vit sous la dépendance d'une plus grande ville	
la cité administrative	*Verwaltungsviertel*		
le quartier d'affaires	*Geschäftsviertel*		
le quartier d'habitation	*Wohnviertel*	quartier où l'on trouve peu de bureaux et peu d'industries	
la réhabilitation d'un quartier	*Sanierung eines Wohnviertels*		
les immeubles [mpl] anciens	*Altbauten*	Dans beaucoup d'immeubles anciens, le chauffage à gaz est toujours dominant.	
la zone industrielle	*Industriegebiet*	La zone industrielle se trouve à la périphérie de la ville.	
le bidonville	*Elendsviertel*	quartier d'une ville où vivent les plus pauvres (dans les pays sous-développés)	
le taudis	*Elendsquartier*	logement sans hygiène ni confort	
le lotissement	*Bauland; (Grundstücks-) Parzelle*	parcelle(s) d'un terrain vendue(s) pour la construction de bâtiments	= le terrain à bâtir
le plan d'occupation des sols	*Bebauungsplan*	Le plan d'occupation des sols est voté par les élus du conseil municipal.	

terme français	dt. Bedeutung	définition/contexte	syn./ant.
les espaces [mpl] verts	*Grünflächen*	Pour améliorer la qualité de vie, les espaces verts dans les villes nouvelles ont été multipliés.	
le terrain vague	*unbebaute Fläche*		
la chaussée	*Fahrbahn*	partie de la voie publique où circulent les voitures	= la route, la rue
la piste cyclable	*Radweg*	En France, il y a beaucoup moins de pistes cyclables qu'en Allemagne.	
le passage pour piétons	*Zebrastreifen*		= le passage clouté
le marché immobilier	*Immobilienmarkt*	marché qui concerne les bâtiments	
le marché du logement	*Wohnungsmarkt*		
le demandeur, la demandeuse de logement	*Wohnungssuchende(r)*	La location des H.L.M. dépend des revenus du demandeur de logement.	
la location	*Vermietung*		
le loueur, la loueuse	*Vermieter(in)*	personne qui donne un appartement en location	
louer	*vermieten*	«3 pièces, 36m^2, 3e étage, centre-ville à louer»	= donner en location
le, la locataire	*Mieter(in)*	Le locataire paie le loyer.	
le contrat de location	*Mietvertrag*	Les Boisseau vont déménager: ils ont résilié leur contrat de location.	= le bail
les charges [fpl] locatives	*Mietnebenkosten*		
louer	*mieten*	Eric cherche un appartement à louer.	= prendre en location

terme français	dt. Bedeutung	définition/contexte	syn./ant.
le loyer	*Miete, Mietpreis*	prix de la location d'une habitation	
le loyer chauffage compris	*Warmmiete*	loyer incluant le coût de chauffage	
le loyer sans charges	*Kaltmiete*	loyer excluant les charges locatives et le chauffage	
le délai de résiliation	*Kündigungsfrist*	En général, le délai de résiliation des locations en France est de 6 mois.	
l'expulsion [f]	*Zwangsräumung*	Si l'on ne paie pas le loyer on risque l'expulsion (sauf entre le 1er novembre et le 15 mars).	
le domicile	*Wohnsitz*	lieu habituel d'habitation	
la résidence principale	*Hauptwohnsitz*		
la résidence secondaire	*Zweitwohnsitz*	Les Français occupent le troisième rang en Europe quant à la disposition d'une résidence secondaire.	
habiter en ville	*in der Stadt wohnen*	Actuellement, 85 % de la population française habitent en ville.	≠ habiter à la campagne
habiter (à) Nice	*in Nizza wohnen*	Jean-Marie habite Nice.	
l'appartement [m]	*(Etagen-) Wohnung*		
l'appartement [m] en copropriété	*Eigentumswohnung*	Jeanne s'est acheté un appartement en copropriété.	
l'habitation [f] à loyer modéré (l'H.L.M.)	*Sozialwohnung*	A peu près 15 millions de Français occupent une H.L.M.	
le grand ensemble	*Wohnsiedlung*	concentration de très grands immeubles	

terme français	dt. Bedeutung	définition/contexte	syn./ant.
l'immeuble [m]	*Wohnblock*	grand bâtiment à plusieurs étages	
le logement	*Wohnung*	La cuisine est la pièce essentielle du logement français .	= l'habitation [f]
la maison individuelle	*Einfamilienhaus*	La surface d'une maison individuelle moyenne en France est de 100 m^2.	
le pavillon	*(kleines) Einfamilienhaus*		
le studio	*Appartement (kleine Wohnung)*	logement à une pièce principale	
la tour	*Hochhaus*		= le gratte-ciel

L'histoire

1 Le monde jusqu'à la Révolution française de 1789

terme français	dt. Bedeutung	définition/contexte	syn./ant.
l'histoire [f] de la civilisation	*Kulturgeschichte*		
l'histoire universelle	*Weltgeschichte*		
la préhistoire	*Urgeschichte*	histoire avant l'apparition de l'écriture	
l'époque [f] glacière	*Eiszeitalter*	époque pendant laquelle une grande partie de l'Europe était couverte de glaciers	= le pléistocène
l'âge [m] de la pierre	*Steinzeit*	A l'âge de la pierre, l'homme vit de la chasse, de la cueillette et de la pêche.	
l'âge du bronze	*Bronzezeit*	2e millénaire avant Jésus-Christ	
l'âge du fer	*Eisenzeit*	1er millénaire avant Jésus-Christ	
la civilisation	*Kultur; Zivilisation*	les acquisitions des sociétés humaines	
l'apogée [m]	*Höhepunkt, Blütezeit*	Sous Louis XIV, c'était l'apogée de la monarchie en France.	
la décadence	*Verfall*	acheminement vers la ruine	
le déclin	*Untergang*		
l'antiquité [f] gréco-romaine	*Antike*	temps des civilisations grecque et romaine	

terme français	dt. Bedeutung	définition/contexte	syn./ant.
le Moyen Age	*Mittelalter*	époque du 8e au 15e siècle	
les Germains [mpl]	*Germanen*	personnes qui vivaient en Germanie	
germanique	*germanisch*		
les Francs [mpl]	*Franken*	La Gaule a été conquise par les Francs qui étaient un peuple germanique.	
l’empire [m] franc	*Frankenreich*	Après la mort de Charlemagne en 814, la division de l’empire franc donne naissance à la France et à l’Allemagne.	
la Gaule	*Gallien*	nom donné par les Romains à une partie de la France actuelle	
les Gaulois [mpl]	*Gallier*		
le Saint Empire	*das Heilige Römische Reich*	empire fondé par Othon le Grand en 962 et détruit par Napoléon Ier en 1806	
la chevalerie	*Rittertum*		
le chevalier	*Ritter*		
la croisade	*Kreuzzug*	En 1096, la première croisade armée part pour la ville de Jérusalem qui est prise en 1099 par les croisés.	
la féodalité	*Feudalherrschaft*	forme d’organisation politique et sociale au Moyen Age	
la guerre de Cent Ans	*Hundertjähriger Krieg*	conflit entre la France et l’Angleterre de 1337 à 1453	
la Pucelle d’Orléans	*Jungfrau von Orléans*	héroïne française lors de la guerre de Cent Ans	= Jeanne d’Arc

terme français	dt. Bedeutung	définition/contexte	syn./ant.
l'invention [f] de l'imprimerie	*Erfindung des Buchdrucks*	L'invention de l'imprimerie a eu lieu en 1434 par Gutenberg.	
la Réforme	*Reformation*	schisme qui a eu lieu au 16e siècle dans le christianisme	= la Réformation
le pouvoir	*Macht (eines Regenten)*	Louis XVI a pris le pouvoir en 1774 et a été exécuté en 1793.	
la grande puissance	*Weltmacht*	Les Etats-Unis sont une des grandes puissances.	
la conquête	*Eroberung*	action de soumettre un pays par la force	
conquérir	*erobern*	Jules César voulait conquérir la Gaule.	
le conquérant, la conquérante	*Eroberer, Eroberin*	En 1066, Guillaume le Conquérant est devenu Roi d'Angleterre.	
envahir un pays	*in ein Land einfallen*	entrer dans un pays au moyen de forces armées	
l'envahisseur [m]	*Eindringling*	celui qu envahit un pays ou une région	
l'oppression [f]	*Unterdrückung*	action de soumettre un peuple à son autorité	
opprimer	*unterdrücken*	Au 14ème siècle, les protestants français étaient opprimés par les lois.	
l'oppresseur [m]	*Unterdrücker*	celui qui opprime	
la suppression	*Abschaffung*	Les philosophes des Lumières voulaient la suppression des inégalités.	= l'abolition [f]

terme français	dt. Bedeutung	définition/contexte	syn./ant.
supprimer	*abschaffen*	Des conventions internationales ont été élaborées pour supprimer la torture.	
l'ordre [m]	*Stand*	Les trois ordres sous l'Ancien Régime étaient la noblesse, le clergé et le tiers état.	= la classe sociale
la noblesse	*Adel*	Noblesse oblige. (proverbe)	
le noble	*Adeliger*	celui qui fait fait partie de la noblesse	
le clergé	*Kirche (Institution)*	Avant la Révolution de 1789, le clergé vivait dans le faste et l'oisiveté.	= l'Eglise
le tiers état	*Dritter Stand*	Le tiers état réunit les marchands, les riches laboureurs, les domestiques, les journaliers sans terre, etc.	
la cour	*(Königs-)Hof*	Sous le Roi-Soleil, la cour de France est admirée dans l'Europe entière.	
le courtisan, la courtisane	*Höfling*	personne qui est attachée à la cour d'un monarque	
la monarchie	*Monarchie*	régime politique où le chef d'Etat est un roi ou une reine	
le monarque	*Monarch*		= le roi
le souverain, la souveraine	*Herrscher(in)*	chef d'Etat monarchique	
le royaume	*Königreich*	Aux 17e et 18e siècles, la plupart des Etats européens étaient des empires ou des royaumes.	
royal, e	*königlich*		

terme français	dt. Bedeutung	définition/contexte	syn./ant.
le règne	*Regentschaft, Regierungszeit*	Le règne de Louis XIV a duré de 1661 à 1715.	
le Dauphin	*Thronfolger*	fils aîné du roi de France, appelé à lui succéder	
la Régence	*Régence*	gouvernement de la monarchie pendant la minorité ou l'absence du roi	
l'empire [m]	*(Kaiser-)Reich*	régime politique dans lequel le chef d'Etat est un empereur ou une impératrice	
l'empereur [m], l'impératrice [f]	*Kaiser(in)*	Napoléon Bonaparte a été couronné empereur en 1804.	
impérial, e	*kaiserlich*		
le prince, la princesse	*Prinz(essin); Fürst(in)*	fils ou fille de famille royale	
le prédécesseur	*Vorgänger*	François Ier était le prédécesseur du roi Henry II.	≠ le successeur
la succession	*Erbfolge*		
le trône	*Thron*	Louis-Philippe Ier est monté sur le trône français en 1830.	
l'abdication [f]	*Abdankung*		
abdiquer	*abdanken*	Napoléon Ier abdiqua pour la seconde fois en 1815 après la défaite de Waterloo.	
l'Ancien Régime [m]	*das Ancien Régime*	monarchie absolue en France avant 1789	
les Lumières [fpl]	*Aufklärung*	La philosophie des Lumières remet en cause la monarchie absolue.	= le siècle des Lumières

terme français	dt. Bedeutung	définition/contexte	syn./ant.
le, la révolutionnaire	*Revolutionär(in)*	Robespierre était un révolutuionnaire qui est guillotiné en 1794.	
la révolte	*Aufruhr, Revolte*	action violente contre l'autorité politique	= l'émeute [f]

2 Les 19e et 20e siècles

terme français	dt. Bedeutung	définition/contexte	syn./ant.
l'âge [m] industriel	*Industriezeitalter*	L'âge industriel commence au 18e siècle.	
la guerre franco-allemande	*Deutsch-Französischer Krieg*	guerre franco-allemande de 1870 dont l'Allemagne sort victorieuse	= la guerre de 1870
la Première Guerre mondiale	*Erster Weltkrieg*	guerre de 1914 à 1918 dont les Français et leurs alliés sortent victorieux	= la Grande Guerre
l'Entre-deux-guerres [m]	*Zwischenkriegszeit*	époque entre les deux Guerres mondiales	
la crise économique mondiale	*Weltwirtschaftskrise*	Dans les années trente du 20e siècle, la France est touchée par la crise économique mondiale.	
le Troisième Reich	*Drittes Reich*	l'Allemagne de 1933 à 1945	
la croix gammée	*Hakenkreuz*	La croix gammée était l'emblème des nazis.	
la persécution des Juifs	*Judenverfolgung*	traitement injuste et cruel des Juifs par les nazis	
la déportation	*Deportation*	transport et internement des Juifs dans un camp de concentration	
le déporté, la déportée	*Deportierte(r)*		

terme français	dt. Bedeutung	définition/contexte	syn./ant.
déporter	*deportieren*		
le camp de transit	*Durchgangslager*	Les Juifs français déportés ont d'abord été transportés dans des camps de transit comme celui de Compiègne qui étaient sous autorité française.	
le camp d'internement	*Internierungslager*	Dès l'été de 1940, en France, on utilise les camps d'internement qui servent d'antichambre pour la déportation.	
le camp de concentration	*Konzentrationslager*		
le camp d'extermination	*Vernichtungslager*		
la chambre à gaz	*Gaskammer*		
le génocide	*Völkermord*	L'extermination des Juifs au Troisième Reich était un génocide.	
la Deuxième Guerre mondiale	*Zweiter Weltkrieg*	guerre entre 1939 et 1945 dont la France et ses alliés sortent victorieux	
la zone libre	*unbesetzte Zone Frankreichs im Zweiten Weltkrieg*	partie sud de la France qui n'était pas occupée par les Allemands jusqu'en 1942	≠ la zone occupée
la ligne de démarcation	*Demarkationslinie*	frontière entre les zones libre et occupée	
le mur de l'Atlantique	*Atlantikwall*	Le «mur de l'Atlantique» était constitué de fortifications allemandes faisant face à la mer.	

terme français	dt. Bedeutung	définition/contexte	syn./ant.
la collaboration	*Kollaboration, Zusammenarbeit mit den deutschen Besatzern*	En octobre 1940, la France du maréchal Pétain a décidé d'une Collaboration d'Etat avec l'Allemagne.	
le collaborateur, la collaboratrice	*Kollaborateur(in)*		= le, la collabo [fam]
la Résistance	*Résistance, französische Widerstandsbewegung*	La Résistance, personnifiée par de Gaulle, a permis à la France de conserver son rang sur la scène internationale.	
le résistant, la résistante	*Widerstandskämpfer(in)*		
le partisan, la partisane	*Partisan(in)*	personne qui se bat dans son pays contre des soldats de l'ennemi	
les Alliés [mpl]	*die Alliierten*	pays qui se battaient ensemble contre l'Allemagne	
le débarquement (allié) en Normandie	*Invasion (der Alliierten) in der Normandie*	Le débarquement a eu lieu en juin 1944 sur les plages normandes.	
la Libération	*Befreiung (Frankreichs)*	toutes les actions des Alliés et de la Résistance pour libérer la France occupée par l'Allemagne nazie	
l'expulsion [f]	*Vertreibung (aus einem Land)*	action de chasser qn de son pays	
expulser qn	*jdn. vertreiben*	Cette famille a été expulsée de son pays natal.	
les puissances [fpl] occidentales	*Westmächte*	les Etats-Unis, la Grande-Bretagne et la France	

terme français	dt. Bedeutung	définition/contexte	syn./ant.
la zone d'occupation	*Besatzungszone*	Après la Seconde Guerre mondiale, il y avait quatre zones d'occupation en Allemagne.	
la République fédérale d'Allemagne (R.F.A.)	*Bundesrepublik Deutschland*	La R.F.A. a été formée en 1949 après le partage de l'Allemagne.	= l'Allemagne [f] de l'Ouest
la République démocratique allemande (R.D.A.)	*Deutsche Demokratische Republik*	Le niveau de vie en R.D.A., était supérieur à celui des autres pays de l'Europe orientale.	= l'Allemagne de l'Est
l'après-guerre [f]	*Nachkriegszeit*	période qui suivait la guerre	
la reconstruction	*Wiederaufbau*	Aussitôt après la guerre, la période de reconstruction a commencé en France et en Allemagne.	
la guerre froide	*der Kalte Krieg*	état de tension entre les pays de l'ouest et ceux de l'est après la Seconde Guerre mondiale	
les relations [fpl] franco-allemandes	*deutsch-französische Beziehungen*	Les anciens rapports d'occupants à occupés ont fait place à des relations franco-allemandes marquées d'amitié.	
la réconciliation	*Wieder-aussöhnung*		
le plan Schuman	*Schuman-Plan*	En 1950, Robert Schuman (ministre français des Affaires étrangères) a proposé à la R.F.A. une autorité commune: la Communité européenne du charbon et de l'acier.	

terme français	dt. Bedeutung	définition/contexte	syn./ant.
la Communauté européenne du charbon et de l'acier	*Europäische Gemeinschaft für Kohle und Stahl, Montanunion*		= la C.E.C.A
le Traité de l'Elysée	*deutsch-französischer Freundschafts-vertrag*	Le Traité de l'Elysée a été signé le 22 janvier 1963 par Charles de Gaulle et Konrad Adenauer.	= le Traité sur la coopération franco-allemande
l'Office [m] **franco-allemand pour la Jeunesse (O.F.A.J.)**	*Deutsch-Französisches Jugendwerk (DFJW)*	L'O.F.A.J. a pour mission de «resserrer les liens qui unissent les jeunes des deux pays».	
le jumelage	*(Städte-/Schul-) Partnerschaft*	Il y a aujourd'hui plus de 2 000 jumelages entre villes allemandes et françaises.	
le corps d'armée franco-allemand	*Deutsch-Französisches Armeekorps*	En 1993, le corps d'armée franco-allemand a été officiellement installé à Strasbourg.	= l'Eurocorps [m]
la réunification	*Wieder-vereinigung*	A l'occasion de la réunification allemande en 1990, le Président français, François Mitterrand, a assuré les Allemands «de la solidarité de la France».	
l'Allemagne [f] **unifiée**	*wiedervereinigtes Deutschland*		

La politique

1 La vie politique et les institutions

terme français	dt. Bedeutung	définition/contexte	syn./ant.
l'homme [m] politique, la femme politique	*Politiker(in)*	personne qui s'occupe de politique	
la politique d'immigration	*Ausländerpolitik*	politique concernant l'immigration et les immigrés	
la politique sociale	*Sozialpolitik*		
l'adhérent [m], l'adhérente [f]	*Parteimitglied*	personne qui tient aux idées d'un parti et en est membre	
le militant, la militante	*aktives Mitglied*	membre d'un parti qui prend part activement à une lutte idéologique	
le parti de droite	*Rechtspartei*	Le FN, parti d'extrême droite, a 60 000 adhérents et sympathisants.	
le parti de gauche	*Linkspartei*	Le Parti communiste est un parti de gauche.	
le parti gouvernemental	*Regierungspartei*	parti qui forme le gouvernement	≠ (le parti de) l'opposition [f]
le parti majoritaire	*Mehrheitspartei*		≠ le parti minoritaire
le président, la présidente (du parti)	*Parteivorsitzende(r)*	chef d'un parti	
les élections [fpl] législatives	*Parlamentswahlen*	élections où les députés du parlement sont élus	

terme français	dt. Bedeutung	définition/contexte	syn./ant.
l'élection présidentielle	*Präsidentschaftswahl*	Jacques Chirac a remporté la victoire lors de l'élection présidentielle de 2002.	
élire qn	*jdn. wählen*	En 1981, François Mitterrand a été élu président de la République.	
l'électeur [m], l'électrice [f]	*Wähler(in)*	personne ayant le droit de vote	
le scrutin	*Abstimmung*	vote au moyen de bulletins	= le vote
le scrutin direct	*direkte Wahl*	désignation de l'élu par les électeurs sans intermédiaire	
le scrutin secret	*geheime Wahl*	Le scrutin secret constitue un des principes fondamentaux de la démocratie.	
le suffrage universel	*allgemeines Wahlrecht*	Le suffrage universel a été instauré en France en 1848.	
le candidat, la candidate	*Kandidat(in)*	16 candidats se sont présentés à l'élection présidentielle de 2002 (premier tour).	
la campagne électorale	*Wahlkampf*	période d'activité avant les élections	
le programme électoral	*Wahlprogramm*		
la participation électorale	*Wahlbeteiligung*	taux de ceux qui vont aux urnes	
le droit de vote	*Wahlrecht*	Pendant la Présidence de Valéry Giscard d'Estaing (1974–1981), le droit de vote à 18 ans a été instauré.	
l'abstention [f]	*Stimmenthaltung*	absence de vote d'un électeur	

terme français	dt. Bedeutung	définition/contexte	syn./ant.
le bulletin (de vote)	*Stimmzettel*	Un bulletin blanc est un bulletin vierge (en signe d'abstention).	
le bureau de vote	*Wahllokal*	Lieu où les électeurs se rendent pour voter.	
voter pour	*stimmen für*	A la présidentielle de 2002 (premier tour), 20 % des Français ont voté pour Chirac (RPR) et 17 % pour Le Pen (FN).	
la majorité absolue	*absolute Mehrheit*	majorité de plus de 50 %	
le plébiscite	*Volksabstimmung*	En 2000, la durée du mandat du Président de la République a été soumise à un plébiscite.	
l'Assemblée [f] nationale	*Nationalversammlung*	L'Assemblée nationale et le Sénat constituent le Parlement français.	
le débat	*Debatte*	action de discuter d'une question	
la délibération	*Beratung*		
délibérer (sur)	*beraten (über)*	Le Parlement européen délibère en public.	
le député, la députée	*Abgeordnete(r)*	personne élue pour faire partie de l'Assemblée nationale, p. ex.	
la séance	*Sitzung*		
l'Etat [m] centralisé	*Zentralstaat*	La décentralisation entame le champ des compétences de l'Etat centralisé.	
l'Etat de droit	*Rechtsstaat*	La France est un Etat de droit.	

terme français	dt. Bedeutung	définition/contexte	syn./ant.
la souveraineté [f]	*Souveränität, Hoheitsrechte*	La souveraineté du peuple est le fondement de la démocratie.	
l'emblème [m] national	*Wahrzeichen (eines Staates)*	Le drapeau tricolore est un des emblèmes nationaux.	
le drapeau tricolore	*Trikolore, frz. Staatsflagge*	Le drapeau tricolore réunit les couleurs du roi (blanc) et celles de la ville de Paris (bleu et rouge).	
l'hymne [m] national	*Nationalhymne*	La *Marseillaise* est l'hymne national français.	
la patrie	*Vaterland*	nation à laquelle on appartient	
le patriotisme	*Patriotismus*	passion qu'on a pour sa patrie	
le sentiment national	*Nationalgefühl*		
la Constitution	*Verfassung*	La Constitution française actuelle date de 1958.	
les droits [mpl] de l'homme	*Menschenrechte*	Le 26 août 1789 est la date de la *Déclaration des Droits de l'Homme et du Citoyen.*	
les institutions [fpl]	*Institutionen*	Vous trouvez des informations sur les institutions françaises sur le site du Premier ministre.	
la séparation des pouvoirs	*Gewaltenteilung*	le fait d'avoir trois pouvoirs indépendants dans un Etat: les pouvoirs législatif, exécutif et judiciaire	
le pouvoir législatif	*gesetzgebende Gewalt, Legislative*	Le Parlement exerce le pouvoir législatif.	
le pouvoir exécutif	*vollziehende Gewalt, Exekutive*	président de la République et gouvernement	

terme français	dt. Bedeutung	définition/contexte	syn./ant.
le pouvoir judiciaire	*richterliche Gewalt, Judikative*		
le chef de l'Etat	*Staatschef*	Le président de la République est le chef de l'Etat.	= le chef d'Etat
le président de la République	*Präsident der Republik*	Depuis 2000, le président de la République est élu pour un mandat de cinq ans.	
le Premier ministre	*Premierminister*	En 2002, Jean-Pierre Raffarin a été élu Premier ministre français.	
le minstère	*Ministerium*		
le ministre	*Minister(in)*	homme d'état chargé d'un ministère	
le ministre de l'Intérieur	*Innenminister*	chef de la police et de la Sûreté nationale	
le ministre des Affaires Etrangères	*Außenminister*	La résidence du ministre des Affaires Etrangères se trouve au Quai d'Orsay.	
le porte-parole du gouvernement	*Regierungssprecher*	personne qui prend la parole au nom du gouvernement	

2 Les relations internationales

terme français	dt. Bedeutung	définition/contexte	syn./ant.
les relations [fpl] internationales	*internationale Beziehungen*	rapports entre des pays	
la diplomatie	*Diplomatie*	politique qui concerne les relations entre les Etats	
le, la diplomate	*Diplomat(in)*		

terme français	dt. Bedeutung	définition/contexte	syn./ant.
le corps diplomatique	*diplomatisches Korps*	tous les diplomates (dans un pays)	
les relations [fpl] diplomatiques	*diplomatische Beziehungen*	Lors des campagnes impériales de Napoléon, la Russie a rompu ses relations diplomatiques avec Paris en août 1804.	
établir des relations diplomatiques	*diplomatische Beziehungen aufnehmen*	La France a été un des premiers pays à établir des relations diplomatiques avec la Slovaquie.	≠ rompre des relations diplomatiques
l'ambassade [f]	*Botschaft*	L'ambassade de France en Allemagne se trouve à Berlin.	
l'ambassadeur [m], l'ambassadrice [f]	*Botschafter(in)*	plus haut(e) représentant(e) d'un Etat auprès d'un autre Etat	
le consulat	*Konsulat*	On trouve plusieurs consulats français en Allemagne, p. ex. à Hambourg.	
le consul	*Konsul*	agent chargé par un Etat de la défense de ses intérêts dans un pays étranger	
le corps consulaire	*konsularisches Korps*	tous les consuls (dans un pays)	
le passeport	*Reisepass*	Les consulats délivrent des passeports.	
le visa	*Visum*	Il faut un visa pour entrer aux Etats-Unis.	
l'accord [m]	*Abkommen*	arrangement entre deux Etats	
les négociations [fpl]	*Verhandlungen*	série d'entretiens entre pays pour établir un accord	
négocier sur	*verhandeln über*	Les gouvernements ont négocié sur un traité.	

terme français	dt. Bedeutung	définition/contexte	syn./ant.
la ratification	*Ratifizierung*		
le traité	*Vertrag*	A la suite des *Traités de Westphalie* (1648) l'Alsace est devenue française.	
rompre un traité	*einen Vertrag brechen*	ne pas respecter un accord	≠ honorer, respecter un traité
la Communauté économique européenne (C.E.E.)	*Europäische Wirtschafts-gemeinschaft*	En 1957, six pays (dont l'Allemagne et la France) signent le Traité de Rome pour créer la C.E.E.	= le Marché commun
l'Union [f] européenne (U.E.)	*Europäische Union (EU)*	En 1992, l'U.E. a été mise en œuvre par le traité de Maastricht.	
l'élargissement [m] de l'U.E.	*Erweiterung der EU*	Les conséquences à long terme de l'élargissement de l'U.E. de 2004 ne sont pas prévisibles.	
la demande d'adhésion	*Beitrittsantrag*		
l'Etat [m] membre	*Mitgliedsstaat*	Depuis mai 2004, l'U.E. compte 25 Etats membres.	
le Marché (intérieur) unique	*Europäischer Binnenmarkt*	En 1993, le Marché unique entre en vigueur.	
la Politique agricole commune (PAC)	*gemeinsame Agrarpolitik*	La PAC commence en 1962.	
la politique sociale commune	*gemeinsame Sozialpolitik*	L'U.E. n'a pas encore de politique sociale commune.	

terme français	dt. Bedeutung	définition/contexte	syn./ant.
la libre circulation des personnes	*freier Personenverkehr*	La Convention de Schengen permet la libre circulation des personnes sans contrôle aux frontières.	
le Système monétaire européen	*Europäisches Währungssystem*	En 1979, le Système monétaire européen voit le jour: l'Ecu (European Currency Unit) est né.	
la Banque centrale européenne (BCE)	*europäische Zentralbank*	La BCE a son siège à Francfort en Allemagne.	
le Conseil de l'Europe	*Europarat*	Le Conseil de l'Europe a été créé en 1949.	
le Conseil européen	*Europäischer Rat*	En 1999, le Conseil européen (chefs d'Etat et de gouvernement) se réunit à Berlin.	
le Conseil de l'Union européenne	*Ministerrat*	Les membres du Conseil des ministres sont tous les ministres chargés du dossier concerné.	= le Conseil des ministres
la Cour européenne de justice	*europäischer Gerichtshof*	La Cour européenne de justice (à Luxembourg) veille à l'application des traités de l'U.E.	
la Cour internationale de justice	*Internationaler Gerichtshof*	Le siège de la Cour internationale de Justice est à La Haye.	
les institutions [fpl] européennes	*europäische Institutionen*	Le Conseil européen et le Parlement européen font partie des institutions européennes.	
le Parlement européen	*Europäisches Parlament*		
la présidence	*Präsidentschaft*	La présidence de l'U.E. change tous les six mois.	

terme français	dt. Bedeutung	définition/contexte	syn./ant.
les casques [mpl] bleus	*Blauhelme*	soldats de l'ONU (qui portent des casques bleus)	
le Conseil de sécurité	*Sicherheitsrat*	Le Conseil de sécurité de l'ONU a 5 membres permanents dont la France et 10 membres non permanents.	
l'Organisation [f] des Nations Unies (ONU)	*Vereinte Nationen (UN, UNO)*	L'ONU a son siège à New York.	= les Nations [fpl] Unies (NU)
l'Organisation des pays exportateurs de pétrole (O.P.E.P.)	*Organisation Erdöl exportierender Länder (OPEC)*	L'O.P.E.P. a été créée en 1960 pour coordonner la politique pétrolière et pour assurer la stabilité du prix du pétrole.	
l'Organisation du traité de l'Atlantique Nord (O.T.A.N.)	*NATO*	L'O.T.A.N. existe depuis 1949.	
le dialogue Nord-Sud	*Nord-Süd-Dialog*	dialogue entre les pays industrialisés et les pays pauvres	
l'effacement [m] des dettes	*Schuldenerlass*		= la remise des dettes
l'endettement [m]	*Verschuldung*	L'une des origines du sous-développement des pays pauvres est l'endettement de plus en plus lourd.	
l'organisation [f] humanitaire	*Hilfsorganisation*	La plus importante organisation humanitaire en France est la Croix-Rouge qui a 45 000 membres.	

La société

1 La famille

terme français	dt. Bedeutung	définition/contexte	syn /ant.
l'amourette [f]	*Liebschaft*	aventure sentimentale sans très grande importance	
l'affection [f]	*Zuneigung*	sentiment tendre qu'on a pour qn	= le penchant
l'attraction [f]	*Anziehungskraft*	Cette femme exerce une grande attraction sur les hommes.	= l'attirance [f]
l'aventure [f]	*(Liebes-)Affäre*	Méfie-toi de lui, il a eu de nombreuses aventures.	
le chagrin d'amour	*Liebeskummer*	Sylvie a eu un terrible chagrin d'amour.	
la déclaration d'amour	*Liebeserklärung*	Yves lui a fait une déclaration d'amour.	
la drague [fam]	*Anmache*	La drague se fait aussi sur Internet.	= les avances [fpl]
draguer qn [fam]	*jdn. anmachen*	Ne drague pas ma sœur!	
l'échangisme [m]	*Partnertausch*	échange de partenaire sexuel, pratiqué entre deux couples ou en groupe	
s'embrasser	*sich küssen; sich umarmen*	En famille, les Français s'embrassent matin et soir.	
la liaison (amoureuse)	*(Liebes-)Beziehung, Verhältnis*	Bruno a rompu toute liaison avec cette femme.	
la femme-objet	*Frau als Sexualobjekt*		
la passade	*One-Night-Stand*	relation sexuelle qui passe vite (une nuit)	
passionné, e	*leidenschaftlich*		

terme français	dt. Bedeutung	définition/contexte	syn./ant.
le rapport sexuel	*Geschlechtsverkehr*		
la séduction	*Verführung*	action de conquérir une personne en employant tous les moyens possibles	
le séducteur, la séductrice	*Verführer(in)*	personne qui fait la conquête d'une autre	
séduire qn	*jdn. verführen*	Jeanne a été séduite et abandonnée avec son enfant.	
séduisant, e	*verführerisch*		= attirant
le sida	*AIDS*	Le sida est une des pires maladies modernes.	
le test de dépistage du sida	*AIDS-Test*		
sortir avec qn	*mit jdm. gehen*	être lié avec qn	
le soupirant, la soupirante	*Verehrer(in)*	personne qui soupire après celle qu'elle aime	
la vierge	*Jungfrau*	femme qui n'a jamais eu de rapports sexuels	
la virginité	*Jungfräulichkeit*		
le contraceptif	*Verhütungsmittel*	La pilule est le contraceptif le plus connu.	
la contraception	*Empfängnisverhütung*		
la pilule (contraceptive)	*(Anti-Baby-)Pille*	La première pilule contraceptive durablement acitve date de 1956.	
le préservatif	*Kondom*	Le préservatif est un contraceptif masculin.	
le stérilet	*Spirale*		
mettre qn enceinte	*jdn. schwängern*	Julie a été mise enceinte il y a deux mois.	= engrosser qn [fam]

terme français	dt. Bedeutung	définition/contexte	syn./ant.
le test de grossesse	*Schwangerschaftstest*	Le test de grossesse s'achète dans les pharmacies.	
avorter	*abtreiben*	provoquer l'interruption d'une grossesse	
l'interruption [f] volontaire de grossesse (I.V.G.)	*Schwangerschaftsabbruch*	En France, l'I.V.G. est légalisée sous certaines conditions depuis 1975.	= l'avortement [m]
le, la célibataire	*der, die Ledige*	personne qui n'est pas mariée	
la mère-célibataire	*ledige Mutter*	mère n'étant pas mariée	
les fiançailles [fpl]	*Verlobung*	promesse de mariage	
rompre ses fiançailles	*sich entloben*	Jeanne et Paul ont rompu leurs fiançailles.	
se fiancer avec qn	*sich mit jdm. verloben*	Ils vont se fiancer demain.	
l'arbre [m] généalogique	*Stammbaum*	figure d'un arbre qui représente les diverses branches d'une même famille	
la famille nombreuse	*kinderreiche Familie*	Les familles nombreuses sont de plus en plus rares.	
fonder une famille	*eine Familie gründen*	beaucoup de Français fondent une famille en dehors du mariage	
la situation de famille	*Familienstand*	Quelle est votre situation de famille? Vous êtes célibataire?	= l'état [m] civil
le jumeau, la jumelle	*Zwilling*	Paul et Paule se ressemblent beaucoup, ce sont des jumeaux.	

terme français	dt. Bedeutung	définition/contexte	syn./ant.
le triplé, la triplée	*Drilling*	un de trois enfants nés de la même grossesse	
l'acte [m] de mariage	*Trauschein*		
le contrat de mariage	*Ehevertrag*		
demander qn en mariage	*jdm. einen Heiratsantrag machen*	Je suis heureuse: mon fiancé m'a demandée en mariage.	
le mariage	*Heirat; Ehe*	Le mariage de Stéphanie a été un échec.	
le mariage d'amour	*Liebesheirat*	Corinne et Boris ont fait un mariage d'amour.	
le mariage civil	*standesamtliche Trauung*	le mariage à la mairie	
le mariage religieux	*kirchliche Trauung*	le mariage à l'église	
le faire-part de mariage	*Vermählungs-anzeige*		
se marier avec qn	*jdn. heiraten*	Sigrid s'est mariée avec un Français.	= épouser qn
conjugal, e	*ehelich*	ce qui concerne l'union entre le mari et la femme	
extra-conjugal, e	*außerehelich*	Pierre a eu plusieurs relations extra-conjugales.	
illégitime	*unehelich*	Le petit Raoul est un enfant illégitime.	≠ légitime
préconjugal, e	*vorehelich*		
le compagnon, la compagne	*Lebensgefährte, Lebensgefährtin*	personne qui partage la vie d'une autre sans être mariée	= le concubin, la concubine
le concubinage	*nichteheliche Lebensgemein-schaft*	Nos voisins vivent en concubinage.	= l'union [f] libre

terme français	dt. Bedeutung	définition/contexte	syn./ant.
l'épouse [f]	*Ehefrau*		= la femme, la conjointe
l'époux [m]	*Ehemann*		= le mari, le conjoint
les époux [mpl]	*Eheleute*	homme et femme qui sont mariés ensemble	= les conjoints [mpl]
le marié, la mariée	*Bräutigam, Braut*	Le marié est fier: sa mariée est très belle.	
la vie commune	*Lebensgemeinschaft*		
vivre maritalement	*in „wilder Ehe" leben*	M. Lamartine ne veut pas que sa fille vive maritalement avec son copain.	= vivre en concubinage
la femme au foyer	*Hausfrau*	Mme Tassel a deux métiers : elle est mère et femme au foyer.	= la mère de famille, la ménagère
l'homme [m] au foyer	*Hausmann*		
le ménage	*Haushalt*	Chez nous, c'est le mari qui fait le ménage.	= le foyer
le bureau de l'état civil	*Standesamt*	On a rendez-vous au bureau de l'état civil demain à 16 heures.	
l'officier [m] d'état civil	*Standesbeamter*		
l'alliance [f]	*Ehering*	D'habitude, l'alliance est en or.	
la noce	*Hochzeit*	Tous les employés avaient été invités à la noce de leur patron.	
le jour des noces	*Hochzeitstag*		
la nuit de noces	*Hochzeitsnacht*	la première nuit après le mariage	

terme français	dt. Bedeutung	définition/contexte	syn./ant.
le voyage de noces	*Hochzeitsreise*		
la lune de miel	*Flitterwochen*	les premières semaines du mariage	
le témoin	*Trauzeuge*	personne qui assiste au mariage	
la communauté de(s) biens	*Gütergemeinschaft*	le fait qu'un couple qui vit ensemble a des biens communs	
la séparation des biens	*Gütertrennung*		
la maternité	*Mutterschaft*	Catherine est en congé de maternité.	
maternel, le	*mütterlich*	ce qui concerne la mère	
la paternité	*Vaterschaft*	état de père	
paternel, le	*väterlich*	ce qui concerne le père	
le bulletin de naissance	*Geburtsurkunde*		= l'acte [m] de naissance
le faire-part de naissance	*Geburtsanzeige*		
le nom de jeune fille	*Mädchenname*	Le nom de jeune fille de Marie Curie est Sklodowska.	
le surnom	*Spitzname; Beiname*	nom donné à une personne par d'autres	
la nourrice	*Pflegemutter; Amme*	C'est une famille occupée, elle a mis son enfant en nourrice.	
donner un enfant en nourrice	*ein Kind in Pflege geben*	Sylvie a donné ses deux enfants en nourrice.	= mettre un enfant en nourrice
le parent, la parente	*der, die Verwandte*	Fabienne est une proche parente.	

terme français	dt. Bedeutung	définition/contexte	syn./ant.
les parents [mpl]	*Eltern; Verwandte*	Les parents sont légalement responsables de leurs enfants mineurs.	
la parenté	*Verwandtschaft*	l'ensemble des parents de qn	= la famille
être parent, e	*verwandt sein*	Le français et l'italien sont des langues parentes.	
les arrière-grands-parents [mpl]	*Urgroßeltern*	les parents du grand-père ou de la grand-mère	= les bisaïeuls [mpl]
l'arrière-grand-mère [f]	*Urgroßmutter*	la mère du grand-père ou de la grand-mère	= la bisaïeule
l'arrière-grand-père [m]	*Urgroßvater*	le père du grand-père ou de la grand-mère	= le bisaïeul
les beaux-parents [mpl]	*Schwiegereltern; Stiefeltern*	le père et la mère du conjoint	
le beau-père	*Schwiegervater; Stiefvater*		
la belle-mère	*Schwiegermutter; Stiefmutter*	la mère du conjoint	
le beau-frère	*Schwager*	Mes deux beaux-frères s'entendent bien.	
la belle-sœur	*Schwägerin*		
le beau-fils	*Schwiegersohn*	le mari de la fille	= le gendre
le beau-fils	*Stiefsohn*	fils qu'un conjoint a eu d'un autre mariage	
la belle-fille	*Schwiegertochter*	la femme du fils	= la bru
la belle-fille	*Stieftochter*		
le demi-frère	*Stiefbruder*	Christine a deux demi-frères et trois demi-sœurs.	
la demi-sœur	*Stiefschwester*	sœur avec laquelle on a un parent en commun	
le petit-fils	*Enkel*		

terme français	dt. Bedeutung	définition/contexte	syn./ant.
la petite-fille	*Enkelin*	Les Raffarin ont trois petites-filles et deux petits-fils.	
les petits-enfants [mpl]	*Enkelkinder*	les enfants du fils ou de la fille	
l'enfant [m, f] adoptif, adoptive	*Adoptivkind*	enfant issu(e) d'une adoption	
les parents [mpl] adoptifs	*Adoptiveltern*	parents qui ont adopté un enfant	
l'enfant du conjoint	*Stiefkind*		
l'enfant du premier lit	*Kind aus erster Ehe*	Les deux conjoints ont des enfants du pemier lit.	
la gardienne d'enfants	*Tagesmutter*	femme qui s'occupe d'un enfant pendant la journée	
la descendance	*Nachkommenschaft*	Jacques Duval est mort sans descendance.	
descendre de qn	*von jdm. abstammen*		
le congé parental d'éducation	*Erziehungsurlaub, Elternzeit*	Serge est en congé parental d'éducation.	
l'éducateur [m], l'éducatrice [f] de rue	*Streetworker(in)*	Plusieurs éducateurs de rue travaillent dans les quartiers sensibles à Grenoble.	
la maison d'éducation surveillée	*Erziehungsheim*	On a décidé de l'envoyer dans une maison d'éducation surveillée.	
gâter un enfant	*ein Kind verwöhnen*	Les grands-parents gâtent leurs petits-enfants.	

terme français	dt. Bedeutung	définition/contexte	syn./ant.
l'enfant [m, f] difficile	*schwer erziehbares Kind*	enfant dont le caractère et l'éducation posent des problèmes	
s'épanouir	*sich entfalten*	se développer librement	
l'épanouissement [m] de la personnalité	*Persönlichkeitsentfaltung*	La société individualiste donne une place importante à l'épanouissement de la personnalité.	
la maturité	*Reife*	Ma fille manque de maturité.	
la gifle	*Ohrfeige*	coup donné du plat de la main sur la joue de qn	
gifler qn	*jdn. ohrfeigen*	frapper qn au visage avec la main	
réprimander qn	*jdn. tadeln*	Le maître a réprimandé sévèrement le petit Luc.	
l'adultère [m]	*Ehebruch*	Mme Roche a demandé le divorce pour cause d'adultère.	
le couple désuni	*zerrüttete Ehe*	couple séparé par un désaccord	
le démon de midi	*Midlife-Crisis*	époque au milieu de la vie où il y a des tentations souvent sexuelles	
le divorce	*(Ehe-)Scheidung*	Le mari de Véronique Guilloret va demander le divorce.	
divorcer	*sich scheiden lassen*	Les Léoni ont divorcé.	
la fidélité	*Treue*	La fidélité conjugale est la base du mariage.	≠ l'infidélité [f]
l'infidélité [f]	*Untreue*		≠ la fidélité
le ménage à trois	*Dreiecksbeziehung*		

terme français	dt. Bedeutung	définition/contexte	syn./ant.
la scène de ménage	*Ehekrach*	dispute entre deux époux	
tromper qn	*jdn. betrügen*	Selon un sondage récent, presque la moitié des gens mariés ont trompé leur partenaire.	
avoir la garde de l'enfant	*das Sorgerecht haben*	Le plus souvent, c'est la mère qui a la garde des enfants.	
l'obligation [f] alimentaire	*Unterhaltspflicht*		
la pension alimentaire	*Alimente, Unterhalt*	M. Decugis verse une pension alimentaire tous les mois.	
le cimetière	*Friedhof*	lieu où l'on enterre les morts	
le décès	*Todesfall*	La boulangerie est fermée pour cause de décès.	= la mort
le faire-part de décès	*Todesanzeige*		
le deuil	*Trauer*	Mme Coroller porte le deuil de son époux.	
l'enterrement [m]	*Beerdigung*	L'enterrement aura lieu à 11 heures.	= les funérailles [fpl]
enterrer qn	*jdn. beerdigen*	Honoré de Balzac est enterré au cimetière du Père-Lachaise à Paris.	
la tombe	*Grab*	Catherine et Lionel ont déposé des fleurs sur la tombe de leur mère.	= le tombeau
la pierre tombale	*Grabstein*		= le monument funéraire
l'orphelin [m], l'orpheline [f]	*Waise(nkind)*	enfant qui a perdu ses parents	

terme français	dt. Bedeutung	définition/contexte	syn./ant.
le veuf, la veuve	*Witwe(r)*	Jacques Mengard est veuf depuis longtemps.	
la cendre, les cendres	*Asche (eines Toten)*	ce qui reste du cadavre après l'incinération	
les condoléances [fpl]	*Beileid*	Mes sincères condoléances!	
les funérailles [fpl]	*Trauerfeier*	Pour l'ancien président Mitterand, il y a eu des funérailles nationales.	
les pompes [fpl] **funèbres**	*Beerdigungsinstitut*	service qui règle tout ce qui concerne les funérailles.	
l'incinération [f]	*Einäscherung*	L'incinération des morts se fait dans un crématoire.	
incinérer qn	*jdn. einäschern*	En France, l'usage de faire incinérer les morts se répand de plus en plus.	
l'urne [f] **funéraire**	*Urne*	vase qui sert à renfermer les cendres d'un mort	
l'héritage [m]	*Erbschaft*	Les enfants se disputent l'héritage de leurs parents.	
l'héritier [m], **l'héritière** [f]	*Erbe, Erbin*	Jean-Marie est le seul héritier légitime de sa grand-mère.	
hériter qc de qn	*etwas von jdm. erben*	Jacques a hérité une maison de son père.	
déshériter qn	*jdn. enterben*	Le père a menacé son fils de le déshériter.	
léguer qc à qn	*jdm. etwas vererben*	Eugène a légué tout ce qu'il a à la Croix-Rouge.	

2 Les relations sociales

terme français	dt. Bedeutung	définition/contexte	syn./ant.
la famille d'accueil	*Gastfamilie; Pflegeeltern*	famille qui reçoit un jeune (qui fait un échange scolaire, p. ex.)	
être accueillant, e	*gastfreundlich sein*	Il a la réputation d'être très accueillant.	= être hospitalier, être hospitalière
adresser la parole à qn	*jdn. ansprechen*	Je vais adresser la parole à cet homme politique.	
amical, e	*freundschaftlich*	Amicalement Roland (fin d'une lettre)	
l'ami [m], l'amie [f] d'enfance	*Jugendfreund(in)*	personne avec laquelle on est lié d'amitié depuis l'enfance	
être amis intimes	*eng befreundet sein*	Sylvie et Corinne sont amies intimes.	
la compagnie	*Gesellschaft*	fait d'être avec qn	
tenir compagnie à qn	*jdm. Gesellschaft leisten*	Puis-je vous tenir compagnie?	
le compagnon, la compagne	*Gefährte, Gefährtin*	personne qui partage la vie ou les occupations d'une autre personne	
le savoir-vivre	*gutes Benehmen*	Voilà un jeune homme qui manque de savoir-vivre.	
se comporter	*sich benehmen*	Pierre sait se comporter.	= se conduire
Tiens-toi bien!	*Benimm dich gut!*		
la connaissance	*der, die Bekannte*	une personne que l'on connaît	= la relation
faire la connaissance de qn	*jdn. kennen lernen*	Je suis enchanté(e) d'avoir fait votre connaissance!	= faire connaissance avec
les connaissances [fpl]	*Bekanntenkreis*	Martine est une de mes connaissances.	= le cercle de relations

terme français	dt. Bedeutung	définition/contexte	syn./ant.
connaître qn de réputation	*jdn. vom Hörensagen kennen*	Je ne la connais que de réputation.	
convenir à qn	*jdm. passen, jdm. genehm sein*	Merci! Cela me convient parfaitement.	
être inconvenant de	*sich nicht gehören*	être contraire aux usages	
le dérangement	*Störung, Belästigung*	La ligne téléphonique est en dérangement.	
déranger qn	*jdn. stören*	Excusez-moi de vous déranger!	
la dispute	*Streit*	échange violent de paroles entre deux personnes	= la querelle
se disputer	*sich streiten*	Mme Raffarin s'est disputée avec son mari.	= se quereller
chercher querelle	*Streit suchen*	Il me semble que Grégoire cherche querelle.	
garder ses distances [fpl]	*Abstand wahren*	Jules garde toujours ses distances.	
être distant, e	*zurückhaltend sein*	personne qui reste sur la réserve	= être réservé
être renfermé, e	*verschlossen sein*	Jeanine est une fille très renfermée.	≠ être sociable
l'excuse grossière [fam]	*faule Ausrede*	Ça n'est qu'une excuse grossière!	
faire ses excuses à qn	*sich bei jdm. entschuldigen*	Je vous fais toutes mes excuses!	= s'excuser auprès de qn
demander pardon à qn	*jdn. um Verzeihung bitten*	Il faut qu'Yvon lui demande pardon.	
pardonner qc à qn	*jdm. etwas verzeihen*	Faute avouée est à moitié pardonnée. (proverbe)	
la fréquentation	*Umgang*	La fréquentation de certains milieux est dangereuse.	

terme français	dt. Bedeutung	définition/contexte	syn./ant.
fréquenter qn	*mit jdm. verkehren*	rencontrer souvent qn	
la honte	*Schande; Scham*	Quelle honte!	
se couvrir de honte	*sich blamieren*	Alors là, il s'est couvert de honte.	
avoir toute honte bue	*jegliche Scham verloren haben*	Toute honte bue, il a reconnu son crime.	
honteux, honteuse	*schändlich*	Il est honteux de parler avec son père de telle manière.	= méprisable
l'injure [f]	*Beleidigung*	parole qui offense	= l'offense [f]
injurier qn	*jdn. beleidigen, jdn. beschimpfen*	Isabelle s'est faite injurier.	= faire injure à qn, offenser qn
injurieux, injurieuse	*beleidigend*	Ces propos sont injurieux.	
vexer qn	*jdn. kränken*	blesser qn dans son amour-propre	= offenser qn
être vexé, e	*gekränkt sein*	Il est vexé par votre attitude.	
l'invité(e) [m, f]	*Gast*		= l'hôte [m, f]
l'hôte [m], **l'hôtesse** [f]	*Gastgeber(in)*	personne qui reçoit qn	
être bien élevé, e	*wohl erzogen sein*	Raymond-Fred est mieux élevé que son frère.	≠ être mal élevé
la politesse	*Höflichkeit*	Vous devriez respecter les règles de politesse!	≠ l'impolitesse [f]
poli, e	*höflich*		≠ impoli
la présentation	*Vorstellung (von Personen)*	Pourriez-vous faire les présentations?	
se présenter	*sich vorstellen*	Permettez-moi de me présenter.	
présenter qn à qn	*jdn. jdm. vorstellen*	Je vous présente Mme Clairière.	

terme français	dt. Bedeutung	définition/contexte	syn./ant.
prier qn de faire qc	*jdn. bitten etwas zu tun*	La grand-mère le priait de passer chez elle.	= demander à qn de faire qc
Je vous en prie!	*Ich bitte Sie!, Bitte(schön)!*	– Merci beaucoup de m'avoir aidé. – Je vous en prie!	
la réconciliation	*Versöhnung*		
se réconcilier avec qn	*sich mit jdm. versöhnen*	Jeannette et Pierrette se sont réconciliées.	
réconciliable	*versöhnlich*		≠ irréconciliable
la relation	*Beziehung; der, die Bekannte*	liens entre des personnes	= la connaissance
le cercle de relations	*Bekanntenkreis*	personnes que l'on fréquente	= les connaissances [fpl]
la relation	*Beziehung*	Suzie a une relation amoureuse avec Antoine.	
être reconnaissant, e	*dankbar sein*	Marie-Hélène m'est très reconnaissante.	≠ ingrat
se donner rendez-vous	*sich verabreden*	Je lui ai donné rendez-vous devant la tour Eiffel.	
fixer un rendez-vous	*einen Termin festlegen*	Il faut fixer un rendez-vous pour demain matin.	
le lieu de rendez-vous	*Treffpunkt*	Quel lieu de rendez-vous proposez-vous?	
bienvenu, e	*willkommen*	Soyez le bienvenu, monsieur!	
souhaiter la bienvenue à qn	*jdn. willkommen heißen*	Nous vous souhaitons la bienvenue!	
être discrédité, e	*in Verruf gekommen sein*	Après cette affaire, il est vraiment discrédité!	
la réputation	*Ruf*	Babette a une très mauvaise réputation.	
la bise	*Wangenkuss*	Tu ne me fais pas la bise?	= le baiser

terme français	dt. Bedeutung	définition/contexte	syn./ant.
serrer la main à qn	*jdm. die Hand geben*	donner la main à qn	= donner une poignée de main à qn
être sociable	*gesellig sein*	Pauline est une jeune fille très sociable.	≠ être renfermé
rechercher la société de qn	*die Gesellschaft von jdm. suchen*	Le nouvel employé recherche la société de ses collègues.	
le, la misan-thrope	*Menschenfeind*	personne qui aime la solitude	≠ le, la philanthrope
être misan-thrope	*menschenscheu sein*	Pauline est devenue bien misanthrope.	≠ être philanthrope
le tact	*Takt(gefühl)*	M. Debotte lui a annoncé la mauvaise nouvelle avec tact.	
le manque de tact	*Taktlosigkeit*	Quel manque de tact!	
manquer de tact	*taktlos sein*	Alors là, tu as manqué de tact.	
tutoyer qn	*jdn. duzen*	dire tu à qn	≠ vouvoyer qn
être à tu et à toi avec qn [fam]	*mit jdm. auf du und du sein*	Hier, ils ne se parlaient pas et aujourd'hui, ils sont à tu et à toi.	
vouvoyer qn	*jdn. siezen*	dire vous à qn	≠ tutoyer qn
les heures [fpl] de visite	*Besuchszeit*	A l'hôpital, les heures de visite sont limitées.	
être en visite chez qn	*bei jdm. zu Besuch sein*	passer quelque temps chez qn	
rendre visite à qn	*jdn. besuchen*	La prochaine fois, ce sera à toi de me rendre visite.	= aller voir qn, faire une visite à qn
aller voir qn	*jdn. besuchen (gehen)*	Michelle est allée voir Martine.	= rendre visite à qn, faire une visite à qn

terme français	dt. Bedeutung	définition/contexte	syn./ant.
venir voir qn	*jdn. besuchen (kommen)*	Martine: «Michelle est venue me voir.»	
visiter un musée	*ein Museum besichtigen*	A Paris, le groupe d'élèves a visité le musée du Louvre.	
le visiteur, la visiteuse	*Besucher(in)*	Le nombre des visiteurs du Louvre dépasse les 5 millions par an.	
en vouloir à qn	*jdm. böse sein*	Tu m'en veux encore?	= être fâché contre qn

3 Pauvreté et richesse

terme français	dt. Bedeutung	définition/contexte	syn./ant.
le Troisième Age	*Rentenalter*	l'âge de la retraite	
la résidence du Troisième Age	*Senioren-wohnheim*	foyer où un vieux peut habiter	
la maison de retraite	*Altersheim*	Les personnes âgées dépendantes vont dans une maison de retraite.	
l'aide [f] ménagère	*Haushaltshilfe*	femme qui aide à faire les travaux dans le ménage	
les soins [mpl] à domicile	*häusliche Krankenpflege*	Comme M. Beau est vieux et malade, il profite des soins à domicile.	
l'aide [f] sociale	*Sozialhilfe*	Etant pauvres et sans travail, ils touchent une aide sociale.	
le, la bénéficiaire d'aide sociale	*Sozialhilfe-empfänger(in)*	Les bénéficiaires d'aide sociale sont tenus de faire tous les efforts nécessaires pour se trouver un emploi.	

terme français	dt. Bedeutung	définition/contexte	syn./ant.
l'Etat-providence [m]	*Wohlfahrtsstaat*	L'Etat-providence n'est plus d'actualité à cause de la récession économique.	
l'Armée [f] du Salut	*Heilsarmee*	L'Armée du Salut est une fondation à but humanitaire.	
le, la bénévole	*ehrenamtliche(r) Helfer(in)*	personne qui fait qc gratuitement et sans être obligée de le faire	
bénévole	*wohltätig, unentgeltlich*	Le travail bénévole n'est pas payé.	
les conditions [fpl] de vie	*Lebensbedingungen*	Au 19e siècle, les conditions de vie dans les centres industriels étaient minables.	
être défavorisé, e	*benachteiligt sein*	être pauvre et avoir des désavantages à cause de la pauvreté	≠ être favorisé, être privilégié
l'exclu [m] l'exclue [f]	*der, die Ausgestoßene*	Les sans-abri font partie des exclus de la société.	
exclure qn	*jdn. ausstoßen; verstoßen*	Ses propos nous obligent à l'exclure du parti.	
être exclu, e	*verstoßen werden; verstoßen sein*	Les pauvres sont exclus par la société.	= être rejeté
juste	*gerecht*	qui est conforme à la justice ou à l'équité	≠ injuste
en marge de qc	*am Rande von etwas*	Les clochards ne sont pas intégrés, ils vivent en marge de la société.	
le marginal, la marginale	*Aussteiger(in)*	personne qui vit en marge de la société	
le groupe marginal	*Randgruppe*	Les immigrés clandestins forment un groupe marginal.	

terme français	dt. Bedeutung	définition/contexte	syn./ant.
se marginaliser	*aussteigen (aus der bürgerlichen Gesellschaft)*	Julien s'est marginalisé. Maintenant, il vit à la campagne.	
le don	*Spende*	ce que l'on donne à qn sans rien recevoir en retour	
le mendiant, la mendiante	*Bettler(in)*	personne qui demande de l'argent à qn dans la rue	
mendier	*betteln*	Il n'a plus d'argent, il est obligé de mendier.	= faire la manche [fam]
l'appauvrissement [m]	*Verarmung*	Souvent les familles nombreuses vivent dans l'appauvrissement.	≠ l'enrichissement
le nouveau pauvre	*aufgrund der wirtschaftlichen Bedingungen in Not Geratener*	Les nouveaux pauvres sont une marque de la société moderne.	
le seuil de pauvreté	*Armutsgrenze*	Beaucoup de Français vivent en-dessous du seuil de pauvreté.	
être dans la misère	*Not leiden*	Au Moyen Age, les journaliers vivaient dans la misère.	
être sur le pavé [fam]	*erwerbs- und obdachlos sein*	M. Laffitte a tout perdu: il est sur le pavé.	= vivre dans la rue [fam]
la précarité	*unsichere Lebensverhältnisse*	conditions de vie qui sont instables	
le minimum vital	*Existenzminimum*		
être sans ressources	*ohne Einkommen sein, mittellos sein*	ne pas avoir d'argent	
le revenu	*Einkommen*	l'argent qu'on a comme salaire, p. ex.	

terme français	dt. Bedeutung	définition/contexte	syn./ant.
le salaire minimum interprofessionnel de croissance (S.M.I.C.)	*garantierter Mindestlohn*	Un smicard est un travailleur payé au S.M.I.C. (en 2004: 1215,11 €/mois ou 8,01 €/heure).	
s'enrichir	*sich bereichern*	Qui paie ses dettes s'enrichit. (proverbe)	
l'enrichissement [m]	*Bereicherung*	fait de devenir riche	≠ l'appauvrissement
fortuné, e	*wohlhabend*	personne qui est très riche	= aisé, riche
le nouveau riche	*Neureicher*	personne récemment enrichie	
le sans-emploi	*Arbeitsloser*	personne qui est au chômage	= le chômeur, la chômeuse
le clochard, la clocharde	*Stadt-, Landstreicher(in)*	personne qui vit sans travail ni domicile	
le, la sans-logis	*Obdachlose(r)*	personne étant sans appartement	= le, la sans domicile fixe, le, la SDF, le, la sans-abri
la justice sociale	*soziale Gerechtigkeit*	Les unions syndicales revendiquent la justice sociale.	
la société d'abondance	*Überflussgesellschaft*	La société dans les pays industrialisés est une société d'abondance.	
la société sans classes	*klassenlose Gesellschaft*	société dans laquelle il n'y a aucun groupe qui a des privilèges	
la société de consommation	*Konsumgesellschaft*	société qui est caractérisée par une économie qui repose sur l'importance de la consommation	
le rang social	*gesellschaftliche Stellung*	position que l'on a dans la hiérarchie sociale	

l'ascension [f] sociale	*sozialer Aufstieg*	montée vers une réussite sociale	≠ la régression sociale
la régression sociale	*sozialer Abstieg*	le fait de descendre dans la hiérarchie sociale	≠ l'ascension [f] sociale
la tension sociale	*soziale Spannung*	La nouvelle pauvreté cause des tensions sociales.	

4 Citoyenneté et immigration

terme français	dt. Bedeutung	définition/contexte	syn./ant.
le foyer d'accueil	*Übergangswohnheim*	foyer qui sert à recevoir des immigrés	= le centre d'accueil
le pays d'accueil	*Aufnahmeland*		
l'adaptation [f]	*Anpassung*	action de prendre les habitudes d'une société dans laquelle on vit	
les difficultés [fpl] d'adaptation	*Anpassungsschwierigkeiten*	Il y a des étrangers qui ont des difficultés d'adaptation.	
s'adapter à	*sich anpassen an*	commencer à vivre en harmonie avec les nouvelles conditions	
l'apatride [m, f]	*Staatenlose(r), Heimatlose(r)*	personne qui n'a aucune nationalité, qu'aucun Etat ne considère comme citoyen	
l'asile [m] politique	*politisches Asyl*		
la demande d'asile	*Asylantrag*	Hier, Farid a fait sa demande d'asile.	
le demandeur d'asile, la demandeuse d'asile	*Asylbewerber(in)*	Souvent, les demandeurs d'asile vivent dans l'incertitude en ce qui concerne leur avenir.	

terme français	dt. Bedeutung	définition/contexte	syn./ant.
le droit d'asile	*Asylrecht*	Le droit d'asile est un droit fondamental.	
bénéficier du droit d'asile	*Asylrecht genießen*	Farid bénéficie du droit d'asile.	
donner asile à qn	*jdm. Asyl gewähren*	Les Etats de droit donnent asile aux persécutés.	
l'assimilation [f]	*Assimilierung, Angleichung, Anpassung*	Chaque étranger demandant la naturalisation doit montrer son assimilation à la communauté française.	
l'autochtone [m, f]	*Einheimische(r)*	personne qui habite dans le pays où elle est née	
autochtone	*einheimisch*	Les xxx sont une population autochtone	
le/la beur, la beure, la beurette [fam]	*in Frankreich geborene(r) Nordafrikaner(in)*	personne qui est née en France de parents maghrébins	
le citoyen, la citoyenne	*Staatsbürger(in)*	personne qui vit dans une république dont elle a la nationalité	
la citoyenneté	*Staatsbürgerschaft*	La famille Kassa va demander la citoyenneté française.	= la nationalité
clandestin, e	*heimlich; illegal*	ce qu'on fait secrètement et qui est défendu	
le, la compatriote	*Landsmann, Landsmännin*	personne qui vient du même pays qu'une autre	= le concitoyen, la concitoyenne
le déracinement	*Entwurzelung*	le fait d'arracher qn de son milieu, de son pays	≠ l'encracinement [m]
la discrimination	*Diskriminierung*	En raison du Coran, les musulmanes subissent des discriminations.	

terme français	dt. Bedeutung	définition/contexte	syn./ant.
discriminer qn	*jdn. diskriminieren*	La loi interdit de discriminer quelqu'un en raison de sa race ou de sa religion.	
le droit du sang	*Blutsrecht, Abstammungsrecht*	droit d'avoir la nationalité française quand les parents sont Français	
le droit du sol	*Bodenrecht, Geburtsrecht*	droit d'avoir la nationalité française quand on est né en France	
à durée limitée	*befristet*	Naïma a eu un visa à durée limitée.	≠ à durée illimitée
l'émigration [f]	*Auswanderung, Emigration*	action de quitter son pays pour s'installer dans un autre	≠ l'immigration [f]
l'émigré [m], l'émigrée [f]	*Auswanderer, Emigrant(in)*		= l'émigrant(e) ≠ l'immigré(e), l'immigrant(e)
émigrer	*auswandern, emigrieren*	Bien des nouveaux venus en France ont émigré des autres pays d'Europe.	= s'expatrier
l'ethnie [f]	*Ethnie, Sprach-, Kulturgemeinschaft*	Les pays maghrébins forment une ethnie.	
ethnique	*ethnisch, Volks…*		
la minorité ethnique	*ethnische Minderheit*	Les Français ont toujours formé une minorité ethnique en Algérie.	≠ la majorité ethnique
la purification ethnique	*ethnische Säuberung*	extermination de tout un peuple de même ethnie pour raison politique, religieuse ou raciale	= le nettoyage ethnique
le service des étrangers	*Ausländerbehörde*	Le service des étrangers accorde ou refuse le permis de séjour.	

terme français	dt. Bedeutung	définition/contexte	syn./ant.
le travailleur étranger, la travailleuse étrangère	*ausländischer Arbeitnehmer, ausländische Arbeitnehmerin*	Souvent les travailleurs étrangers font le travail que les Français n'aiment pas faire.	
l'expulsion [f]	*Ausweisung*	action de chasser qn d'un pays	= le renvoi, le rejet
expulser qn	*jdn. ausweisen*	La France a décidé d'expulser trois maliens.	= renvoyer qn
le foulard	*Schleier, Kopftuch*	Selon le Coran, le port du foulard est obligatoire pour les femmes musulmanes.	
le Français, la Française de souche	*alteingesessener Franzose, alteingesessene Französin*	Français(e) dont la famille est française depuis des générations	
l'immigration [f]	*Einwanderung*	action d'entrer dans un pays pour y vivre et travailler	≠ l'émigration [f]
l'immigration [f] clandestine	*illegale Einwanderung*	La *Loi Debré* de 1997 a pour but de combattre l'immigration clandestine.	= l' immigration illégale
l'arrêt [m] de l'immigration	*Einwanderungsstopp*		
le pays d'immigration	*Einwanderungsland*	Le Canada est un pays d'immigration.	
la politique d'immigration	*Einwanderungspolitik, Ausländerpolitik*	Dans la campagne électorale du *Front National*, la politique d'immigration joue un rôle important.	
le quota d'immigration	*Einwanderungsquote*	Au Canada, il existe un quota d'immigration.	

terme français	dt. Bedeutung	définition/contexte	syn./ant.
la vague d'immigration	*Einwanderungswelle*	Quand il y a des problèmes sociaux dans des pays francophones pauvres, il y a une vague d'immigration en France.	
l'immigré [m], l'immigrée [f]	*Einwanderer, Einwanderin, Immigrant(in)*	personne qui entre dans un pays pour y vivre ou travailler	= l'immigrant [m], l'immigrante [f] ≠ l'émigré(e), l'émigrant(e)
l'immigré [m] clandestin, l'immigrée [f] clandestine	*der illegale Einwanderer, die illegale Einwanderin*	En France comme dans d'autres pays, on ne connaît pas le nombre des immigrés clandestins.	
immigrer	*einwandern, immigrieren*	M. Maalouf est immigré du Liban.	≠ émigrer
la population immigrée	*eingewanderte Bevölkerung*	Il y a en France une forte population immigrée.	
le travailleur immigré, la travailleuse immigrée	*Arbeitnehmer(in) ausländischen Ursprungs, Gastarbeiter(in)*	Les travailleurs immigrés en France sont souvent d'origine africaine.	
l'intégration [f]	*Integration, Eingliederung*	Sans intégration, les immigrés ne peuvent pas devenir Français.	= l'insertion [f]
intégrer qn	*jdn. integrieren*	Il faut faire des efforts pour intégrer les immigrés.	
le Maghreb	*der Maghreb (Tunesien, Algerien, Marokko)*	Depuis 1830, les Français se sont installés au Maghreb.	
le Maghrébin, la Maghrébine	*Nordafrikaner(in) aus Tunesien, Algerien, Marokko*	La plupart des Maghrébins en France vivent dans la banlieue des grandes villes.	

terme français	dt. Bedeutung	définition/contexte	syn./ant.
le melting-pot	*Schmelztiegel*	ville, région ou pays où l'on trouve des immigrés en grand nombre et de provenance différente	
la mentalité	*Mentalität, Denkweise*	Quelle mentalité!	
la minorité	*Minderheit*	Au Canada, les francophones sont en minorité.	≠ la majorité
le quart-monde	*Vierte Welt, extrem arme Länder*	les pays les plus défavorisés	
le tiers-monde	*Dritte Welt, arme Länder*	pays pauvres (en voie de développement)	
abandonner la nationalité	*Staatsangehörigkeit ablegen*	Avant d'obtenir la nationalité allemande, il lui faut abandonner la nationalité française.	
le Code de la nationalité	*Staatsbürgerschaftsrecht*	code qui règle l'acquisition de la nationalité française	
avoir la double nationalité	*die doppelte Staatsangehörigkeit besitzen*	avoir deux nationalités	
la naturalisation	*Einbürgerung*	donner la nationalité à une personne	
être originaire de	*stammen aus*	Yann est originaire de Rennes.	
être d'origine algérienne	*algerischer Herkunft sein*	Mehdi Charef est un auteur d'origine algérienne.	= être de provenance algérienne
le passeur, la passeuse	*Schlepper(in), Menschenhändler(in)*	personne qui fait passer une frontière à qn clandestinement et illégalement	

terme français	dt. Bedeutung	définition/contexte	syn./ant.
s'expatrier	*auswandern*	Pas mal de Maghrébins s'expatrient pour trouver du travail en France.	= émigrer
la patrie	*Vaterland*	pays auquel on appartient ou dans lequel on est né	
le rapatriement	*Rückführung (z. B. von Flüchtlingen)*	Le conflit étant terminé, la France s'engage pour le rapatriement des réfugiés.	
l'indemnité [f] de rapatriement	*finanzielle Rückkehrhilfe*	argent qu'on donne à une personne qui rentre dans son pays	
rapatrier qn	*jdn. in sein Land zurückbringen*	Blessé à l'étranger, le journaliste a été rapatrié par avion spécial.	
le pays natal	*Heimatland*	pays dans lequel une personne est née	
le pays d'origine	*Herkunftsland*	Le pays d'origine de la plupart des Africains en France est l'Algérie.	
reconduire qn dans son pays d'origine	*jdn. in sein Herkunftsland abschieben*	Les immigrés criminels devraient être reconduits dans leur pays d'origine.	= renvoyer qn
la persécution	*Verfolgung*	action de faire souffrir qn par des traitements cruels	
persécuter qn	*jdn. verfolgen*	M. Abdoul a été persécuté pour des raisons politiques.	
le, la pied-noir [fam]	*Algerienfranzose, Algerienfranzösin*	La plupart des pieds-noirs ont été rapatriés dans les années 60 du 20e siècle.	
la provenance	*Herkunft*	Un Maghrébin est un homme de provenance algérienne, tunisienne ou marocaine.	
racial, e	*rassisch*	ce qui concerne la race	

terme français	dt. Bedeutung	définition/contexte	syn./ant.
la discrimination raciale	*Rassendiskriminierung*	La ségrégation est une forme de discrimination raciale.	
la haine raciale	*Rassenhass*	fort sentiment violent contre une race	
la ségrégation raciale	*Rassentrennung*		= la ségrégation
le racisme	*Rassismus*	hostilité contre un groupe ethnique	
le, la raciste	*Rassist(in)*	Frédéric est raciste.	
raciste	*rassistisch*	Certains électeurs d'extrême droite ont des idées racistes.	
le réfugié, la réfugiée	*Flüchtling*	personne qui a dû quitter son pays pour échapper à un danger	
le réfugié politique, la réfugiée politique	*politischer Flüchtling*	personne qui va dans un autre pays pour des raisons politiques	
le regroupement familial	*Familienzusammenführung*	action de réunir une famille dont les membres habitent dans des pays différents	= le rapprochement familial
renvoyer qn	*jdn. abschieben*	Un groupe de Sénégalais clandestins a été renvoyé au Sénégal.	= reconduire qn
la requête	*Gesuch*	demande qu'on fait	
le, la sans-papiers	*der, die Illegale*	personne en situation irrégulière qui n'a plus ses papiers d'identité	
l'autorisation [f] de séjour	*Aufenthaltserlaubnis*	permission de vivre dans un pays	= le permis de séjour
le visa (d'entrée)	*(Einreise-)Visum*	Il faut un visa pour entrer en Chine.	

terme français	dt. Bedeutung	définition/contexte	syn./ant.
la xénophobie	*Ausländerfeindlichkeit*	hostilité envers les étrangers et tout ce qui vient de l'étranger	
le, la xénophobe	*Ausländerfeind(in)*		
xénophobe	*ausländerfeindlich*	Les partisans du Front National sont xénophobes.	

5 La religion

terme français	dt. Bedeutung	définition/contexte	syn./ant.
l'athéisme [m]	*Atheismus*	opinion de celui qui ne croit pas en un Dieu	
l'athée [m, f]	*Atheist(in)*	personne qui nie l'existence de Dieu	
athée	*atheistisch*		= impi
l'Ancien Testament [m]	*Altes Testament*	textes bibliques qui datent d'avant Jésus-Christ, inspirés par les juifs	
la Bible	*Bibel*		= l'Ecriture [f] Sainte
les dix commandements [mpl]	*Zehn Gebote*	les dix règles de conduite prescrites par Dieu	
l'Evangile [m]	*Evangelium*	enseignement de Jésus-Christ	
le Nouveau Testament	*Neues Testament*	textes bibliques inspirés par les chrétiens	
le baptême	*Taufe*		
baptiser	*taufen*	«Je te baptise au nom du Père, du Fils et du Saint-Esprit.»	

terme français	dt. Bedeutung	définition/contexte	syn./ant.
le filleul, la filleule	*Patenkind*	enfant qui a été baptisé, par rapport au parrain et à la marraine	
la marraine	*Patin*		
le parrain	*Pate*	celui qui présente l'enfant au baptême et qui veille sur son éducation religieuse	
la communion	*Kommunion (kath.); Abendmahl (prot.)*		
la confirmation	*Firmung (kath.); Konfirmation (prot.)*	action de confirmer le confirmand ou la confirmande	
le confirmand, la confirmande	*Firmling (kath.); Konfirmand(in) (prot.)*		
la confession	*Beichte*	déclaration de ses péchés devant un prêtre	
se confesser	*beichten*	Il faut qu'on aille se confesser avant de communier.	
le confesseur	*Beichtvater*	prêtre auquel on se confesse	
le chrétien, la chrétienne	*Christ(in)*	Le roi de France avait comme titre «roi Très Chrétien».	
chrétien, chrétienne	*christlich*	ce qui concerne la foi en Jésus-Christ	
la chrétienté	*Christenheit*	tous les chrétiens	
le christianisme	*Christentum*	religion qui est fondée sur Jésus-Christ	
la confession	*Konfession, Religion*	90% des Français appartiennent à la confession catholique.	

terme français	dt. Bedeutung	définition/contexte	syn./ant.
l'appartenance [f] à une confession	*Religionszugehörigkeit*		
le clergé	*Geistlichkeit; Klerus (kath.)*	Sous l'Ancien Régime, il y avait trois groupes sociaux: la noblesse, le clergé et le tiers état.	
l'ecclésiastique [m]	*Geistlicher*	membre d'un clergé	
le diable	*Teufel*	Au Moyen Age, ceux qui étaient suspectés d'être possédés du diable risquaient d'être brûlés.	= le démon
diabolique	*teuflisch*		= démoniaque
le Bon Dieu	*lieber Gott*	nom familier pour Dieu	
le Créateur	*Schöpfer*	Le Créateur a fait l'homme à son image.	
la création (du monde)	*Schöpfung*		
le dieu, la déesse	*der Gott, die Göttin*	être suprême qui a créé l'Univers, selon diverses religions	
divin, e	*göttlich*	ce qui concerne un dieu	
l'Ascension [f]	*Christi Himmelfahrt*		
la Cène	*Abendmahl*		
la Crucifixion	*Kreuzigung*	action de mettre Jésus-Christ sur la croix	
Jésus-Christ [ʒezykʀi]	*Jesus Christus*	fondateur de la religion chrétienne	= le Christ [ləkʀist]
la Passion	*Leiden Christi*		
la Résurrection	*Auferstehung*	retour de la mort à la vie	
le Saint-Esprit	*Heiliger Geist*		

terme français	dt. Bedeutung	définition/contexte	syn./ant.
le Sauveur	*Heiland*	celui qui a sauvé les hommes (Jésus-Christ)	
la Vierge Marie	*Jungfrau Maria*	mère de Jésus	= la Sainte Vierge, la Vierge Mère
l'apôtre [m]	*Apostel, Jünger*	chacun des douze disciples de Jésus-Christ	= le disciple
le saint, la sainte	*Heilige(r)*	«Il vaut mieux s'adresser à Dieu qu'à ses saints.» (proverbe)	
l'Eglise [f] catholique romaine	*römisch-katholische Kirche*	l'Eglise dirigée par le pape	
l'Eglise protestante	*evangelische Kirche*	L'Armée du Salut est une organisation de l'Eglise protestante.	
l'Eglise réformée	*reformierte Kirche*		
le luthérien, la luthérienne	*Lutheraner(in)*	personne qui suit la doctrine de Martin Luther	
la Réforme	*Reformation*	mouvement religieux du XVIe siècle dont est né le protestantisme	
le, la calviniste	*Kalvinist(in)*	Calvinistes et luthériens faisaient partie du protestantisme.	
calviniste	*kalvinistisch*		
l'Eglise [f] anglicane	*anglikanische Kirche*	Eglise officielle de l'Angleterre, issue de la Réforme	
les témoins [mpl] de Jéhova(h)	*Zeugen Jehovas*	Les témoins de Jéhova s'opposent aux transfusions sanguines.	
le pratiquant, la pratiquante	*gläubige Person; Kirchgänger(in)*	personne qui observe les pratiques d'une religion	

terme français	dt. Bedeutung	définition/contexte	syn./ant.
la cathédrale	*Kathedrale, Münster, Dom*	La cathédrale Notre-Dame de Paris est une cathédrale gothique.	
le temple	*evangelische Kirche; Tempel*	En France, on compte environ 1 000 temples pour 900 000 protestants.	
la mosquée	*Moschee*	Il y a, en France, presque 2 000 lieux de culte musulman dont des dizaines de mosquées.	
la synagogue	*Synagoge*	bâtiment du culte israélite	
l'office [m] religieux	*Gottesdienst*		= le culte (prot.), la messe
la messe	*Messe (kath.)*	A Noël, les catholiques vont à la messe de minuit.	
prêcher	*predigen*		
le prédicateur	*Prediger*	celui qui prononce des sermons	
le sermon (cath.), le prêche (prot.)	*Predigt*	«Le sujet de son sermon était la charité.» (Victor Hugo)	
la prière	*Gebet*	Les musulmans doivent faire leurs prières cinq fois par jour, tournés vers La Mecque.	
prier	*beten*	«Veillez et priez, afin que vous n'entriez point en tentation.» (Bible)	
le crucifix	*Kruzifix, Kreuz*		= la croix
croire en, à	*glauben an*	M. Duval est athée, il ne croit pas en Dieu.	

terme français	dt. Bedeutung	définition/contexte	syn./ant.
le croyant, la croyante	*der, die Gläubige*	personne qui a une foi religieuse	= le, la fidèle, ≠ le non-croyant, la non-croyante
croyant, e	*gläubig*	36 % des musulmans en France se disent «croyants et pratiquants».	≠ non croyant
la foi	*Glaube*	Il n'y a que la foi qui sauve. (proverbe)	= la croyance
abjurer sa foi	*seinem Glauben abschwören*	Les Romains obligeaient les chrétiens à abjurer leur foir.	= renier sa foi
la profession de foi	*Glaubens-bekenntnis*	La profession de fois s'appelle aussi la communion solennelle.	
l'incrédulité [f]	*Ungläubigkeit*	manque de croyance religieuse	≠ la crédulité, la croyance
la superstition	*Aberglaube*	«La superstition, cette infâme.» (Voltaire)	
superstitieux, superstitieuse	*abergläubisch*	«Ne soyez pas superstitieux, cela porte malheur!»	
la papauté	*Papsttum*	Au Moyen Age, il y avait souvent une lutte entre l'empire et la papauté.	
le pape	*Papst*	Le pape est élu en conclave.	
papal, e	*päpstlich*	du pape, concernant le pape	= pontifical
le Saint-Siège	*Heiliger Stuhl*	la cour de Rome, où réside le pape	
le cardinal	*Kardinal*	haut dignitaire de l'Eglise catholique qui élit, avec les autres cardinaux, le pape	
l'archevêque [m]	*Erzbischof*	dignitaire qui est à la tête de plusieurs diocèses	

terme français	dt. Bedeutung	définition/contexte	syn./ant.
l'évêque [m]	*Bischof*	dignitaire de l'Eglise catholique qui dirige un diocèse	
épiscopal, e	*bischöflich*		
le curé (cath.)	*(Gemeinde-) Pfarrer*	prêtre qui a une paroisse	
le pasteur (prot.)	*Pastor*	ministre du culte protestant	
la femme pasteur	*Pastorin*	En France, il y a très peu de femmes pasteurs.	
le prêtre	*Priester*	ministre du culte catholique	
le presbytère	*Pfarrhaus*	maison du curé ou du pasteur	
la paroisse	*Pfarrgemeinde (kath.); Kirchen-gemeinde (prot.)*	territoire dans lequel travaille un curé ou un pasteur	
l'ordre [m]	*Orden*		
l'abbaye [f]	*Abtei*	monastère qui est dirigé par un abbé ou une abbesse	
l'abbé [m]	*Abt; Pfarrer*	dirigeant d'un monastère de moines	
l'abbesse [f]	*Äbtissin*	supérieure d'un couvent de religieuses	
le moine	*Mönch*	«L'habit ne fait pas le moine.» (proverbe)	
le monastère	*Kloster*	bâtiment dans lequel des moines ou des religieuses vivent	= le couvent
la religieuse	*Nonne*	femme qui est entrée dans un ordre religieux	
prendre le voile	*Nonne werden*	Elle a pris le voile à l'âge de 23 ans.	

terme français	dt. Bedeutung	définition/contexte	syn./ant.
le bûcher	*Scheiterhaufen*	Jeanne d'Arc est morte sur le bûcher en 1431.	
l'hérésie [f]	*Ketzerei*	Au XVIe siècle, les protestants étaient suspectés d'hérésie.	
l'hérétique [m, f]	*Ketzer(in), Häretiker(in)*	L'Eglise catholique excommunie les hérétiques.	
hérétique	*ketzerisch*		
le martyr, la martyre	*Märtyrer(in)*	«J'admire les martyrs. J'admire tous ceux qui savent souffrir et mourir, et pour quelque religion que ce soit.» (André Gide)	
le martyre	*Märtyrertod*		
la mortalité	*Sterblichkeit*	Dans les pays sous-développés, le taux de mortalité est haut.	≠ l'immortalité [f]
mortel, mortelle	*sterblich*	Tout être vivant est mortel.	≠ immortel
l'âme [f]	*Seele*	Il ne faut pas vendre son âme au diable!	
l'au-delà [m]	*Jenseits*		
l'éternité [f]	*Ewigkeit*	durée qui n'a pas de fin	
éternel, éternelle	*ewig*	Les chrétiens croient à la vie éternelle après la mort.	
le paradis	*Paradies*	Cette île est le paradis sur la terre.	
paradisiaque	*paradiesisch*	Nous y avons passé un séjour paradisiaque.	
l'enfer [m]	*Hölle*	«L'enfer est pavé de bonnes intentions.» (proverbe)	
infernal, e	*höllisch*	Quel bruit infernal!	
le purgatoire	*Fegefeuer*		

terme français	dt. Bedeutung	définition/contexte	syn./ant.
le péché	*Sünde*	La gourmandise est le péché mignon de cette femme.	
la rémission des péchés	*Vergebung der Sünden*		= le pardon des péchés
le péché originel	*Erbsünde*	péché commis par Adam et Eve dont chaque homme est coupable en naissant	
le blasphème	*Gotteslästerung, Blasphemie*	parole qui offense Dieu ou une religion	
le blasphémateur, la blasphématrice	*Gotteslästerer, Gotteslästerin*	personne qui dit des blasphèmes	
blasphématoire	*gotteslästerlich, blasphemisch*		
blasphémer	*sich gotteslästerlich verhalten*	offenser en disant des blasphèmes	
le paganisme	*Heidentum*	«Dans le paganisme, il n'y avait point de guerres de religion.» (Jean-Jacques Rousseau)	
le païen, la païenne	*Heide, Heidin*	Les Romains et les Grecs étaient des païens.	
païen, païenne	*heidnisch*	Avant la christianisation, la Gaule était païenne.	
la bigoterie	*Frömmelei*	Dans «Le Tartufe», Molière attaque la bigoterie.	
la piété	*Frömmigkeit*	attachement fort à Dieu ou à la religion	= la dévotion
pieux, pieuse	*fromm*	Le roi Saint Louis était très pieux.	
la communauté religieuse	*Religionsgemeinschaft*	toutes les personnes qui partagent la même religion	

terme français	dt. Bedeutung	définition/contexte	syn./ant.
l'instruction [f] religieuse	*Religionsunterricht*	enseignement d'une religion	
la liberté religieuse	*Religionsfreiheit*	droit de choisir sa religion et de la pratiquer	
la conversion	*Bekehrung*	En France, chaque année, on compte 30 000 conversions à l'islam.	
se convertir à une religion	*zu einer Religion übertreten*	adopter une religion en en abandonnant une autre	
le schisme	*Kirchenspaltung*	séparation des fidèles d'une religion	
la secte	*Sekte*	groupe de personnes attachées à une doctrine religieuse	
rejoindre une secte	*einer Sekte beitreten*	Après avoir rejoint cette secte, il a vendu tous ses biens.	
sectaire	*sektiererisch*		
la théologie	*Theologie*	Patrick est étudiant, il fait sa théologie.	
le théologien, la théologienne	*Theologe, Theologin*	personne qui étudie ou qui a étudié la théologie	
théologique	*theologisch*		
l'hindouisme [m]	*Hinduismus*	religion répandue en Inde	
l'hindou [m], l'hindoue [f]	*Hindu(frau)*	personne pratiquant l'hindouisme	
hindouiste	*hinduistisch*		
le bouddhisme	*Buddhismus*	religion répandue surtout en Chine, au Tibet, en Thaïlande et au Japon	
le, la bouddhiste	*Buddhist(in)*		
bouddhiste	*buddhistisch*		

terme français	dt. Bedeutung	définition/contexte	syn./ant.
le Coran	*Koran*	livre sacré des musulmans	
le foulard	*Kopftuch (islamischer Frauen)*	Le port du foulard est interdit aux enseignantes d'un établissement public.	
l'intégrisme [m]	*Fundamentalismus*	En Algérie, l'intégrisme a causé la mort de milliers de personnes.	
l'intégriste [m, f]	*Fundamentalist(in)*	L'intégriste musulman a un attachement excessif à l'islam traditionnel.	
l'islam(isme) [m]	*Islam*	L'islam est la deuxième religion en France.	
La Mecque	*Mekka*		
Mahomet	*Mohammed*	fondateur de l'islam	
le musulman, la musulmane	*Mohammedaner(in)*	personne qui est de religion islamique	
musulman, e	*islamisch*	L'Arabie Séoudite est un pays à population majoritairement musulmane.	= islamique
le pèlerinage	*Wallfahrt*	Le lieu de pèlerinage des musulmans est La Mecque.	
le pèlerin, la pèlerine	*Pilger(in)*	Chaque année, Lourdes reçoit quelques 5 millions de pèlerins.	
le voile	*Schleier*	Selon les intégristes, le port du voile est obligatoire pour les musulmanes.	
le judaïsme	*Judentum*	religion juive	
le juif, la juive	*Jude, Jüdin*	personne pratiquant la religion juive	
juif, juive	*jüdisch*	La synagogue est un lieu de culte juif.	
le rabbin	*Rabbiner*	chef spirituel d'une communauté juive	

L'économie

1 L'économie nationale

terme français	dt. Bedeutung	définition/contexte	syn./ant.
l'économie [f] dirigée	*Planwirtschaft*	Les anciens pays de l'Europe de l'Est avaient une économie dirigée.	
l'économie de marché	*Marktwirtschaft*	L'économie française est une économie de marché.	
l'économie nationale	*Volkswirtschaft*	économie d'un pays	
la croissance économique	*Wirtschaftswachstum*	développement économique	= l'essor [m] économique
l'espionnage [m] économique	*Industriespionage*	moyens illégaux que l'on utilise pour mieux connaître les moyens de fabrication d'un produit	= l'espionnage [m] industriel
la relance de l'économie	*Ankurbelung der Wirtschaft*	reprise économique	
le secteur économique	*Wirtschaftsbereich*	Dans l'économie moderne, il y a trois secteurs économiques.	
le secteur primaire	*primärer Sektor*	agriculture, pêche et mines	
le secteur secondaire	*sekundärer Sektor*	industrie et artisanat	
le secteur tertiaire	*tertiärer Sektor*	commerces, administration et services	
le secteur privé	*privater Sektor*	entreprises privées	
le secteur public	*öffentlicher Sektor*	entreprises publiques	
capitaliste	*kapitalistisch*		

terme français	dt. Bedeutung	définition/contexte	syn./ant.
la conjoncture	*Konjunktur*	conditions économiques qui déterminent le marché	
les prévisions [fpl] conjoncturelles	*Konjunkturprognose*	action de prévoir la conjoncture	
le commerce extérieur	*Außenhandel*	commerce avec l'étranger	≠ le commerce intérieur
le commerce intérieur	*Binnenhandel*	commerce à l'intérieur d'un pays	≠ le commerce extérieur
le marché extérieur	*Auslandsmarkt*	pays dans lesquels on exporte des produits	≠ le marché intérieur
le marché intérieur	*Binnenmarkt*		≠ le marché extérieur
la balance commerciale	*Handelsbilanz*	comparaison entre les importations et les exportations	= la balance du commerce
les échanges [mpl] commerciaux	*Handelsverkehr*	Presque 20 % des échanges commerciaux de la France s'effectuent avec l'Allemagne.	
le déficit	*Defizit*	Le déficit de la caisse maladie augmente chaque année.	≠ les excédents [mpl]
déficitaire	*defizitär, passiv*	qui a un déficit	≠ excédentaire
les excédents [mpl]	*Überschuss*	valeur de la différence entre l'exportation et l'importation (l'exportation étant plus haute)	≠ le déficit
excédentaire	*überschüssig, aktiv*		≠ déficitaire
l'exportation [f]	*Ausfuhr*	ce qui est exporté dans un autre pays	≠ l'importation [f]
exporter vers	*exportieren nach*	vendre et transporter à un autre pays	≠ importer de

terme français	dt. Bedeutung	définition/contexte	syn./ant.
l'importation [f]	*Einfuhr*	ce qui est importé dans un pays	≠ l'exportation [f]
importer de	*einführen aus*	introduire d'un autre pays	≠ exporter vers
le débouché	*Absatzmarkt*	lieu de vente	
la mondialisation	*Globalisierung*	action de devenir mondial	
l'expropriation [f]	*Enteignung*		
exproprier	*enteignen*	Pour pouvoir construire l'autoroute, il a fallu exproprier plusieurs personnes.	
la nationalisation	*Verstaatlichung*	action de transférer à l'Etat des moyens de production privés	≠ la privatisation
nationaliser	*verstaatlichen*	transférer du domaine privé au domaine public	≠ privatiser
la part de marché	*Marktanteil*	L'industrie européenne de l'acier est en crise: elle perd des parts de marché.	
la privatisation	*Privatisierung*	transfert d'une entreprise publique au secteur privé	≠ la nationalisation
privatiser	*privatisieren*	transférer du domaine public au domaine privé	≠ nationaliser
la reconversion industrielle	*Strukturwandel*	adaptation de l'industrie à de nouvelles conditions	
l'industrialisation [f]	*Industrialisierung*	implantation d' industries	
le pays industriel	*Industrieland*	pays dans lequel le secteur secondaire est important	
le pays en voie de développement	*Entwicklungsland*	Dans les pays en voie de développement, il y a peu d'industries.	

terme français	dt. Bedeutung	définition/contexte	syn./ant.
la région industrielle	*Industrieregion*	L'Ile-de-France est la première région industrielle de France.	
la construction mécanique	*Maschinenbau*		
la construction navale	*Schiffbau*	La capitale de la construction navale française est Saint-Nazaire en Bretagne.	
l'industrie [f] aérospatiale	*Luft- und Raumfahrtindustrie*	A Toulouse se trouve le centre de l'industrie aérospatiale française (Airbus).	
l'industrie agro-alimentaire	*Nahrungsmittelindustrie*	Dans le nord de la France, il y a une industrie agro-alimentaire importante.	
l'industrie de l'armement	*Rüstungsindustrie*	industrie qui produit des armes	
l'industrie automobile	*Automobilindustrie*	ensemble des industries produisant des automobiles	
l'industrie du bâtiment	*Bauindustrie*	industrie qui concerne la construction des bâtiments	
l'industrie du charbon et de l'acier	*Montanindustrie (Kohle und Stahl)*	L'industrie du charbon et de l'acier voit ses usines fermer.	
l'industrie charbonnière	*Kohlebergbau*	En Lorraine, il y a une industrie charbonnière.	
l'industrie chimique	*chemische Industrie*	L'industrie chimique est souvent liée aux raffineries.	
l'industrie minière	*Bergbauindustrie*	industrie qui extrait du métal, du charbon, etc.	
l'industrie textile	*Textilindustrie*	La Roumanie a une industrie textile importante.	

terme français	dt. Bedeutung	définition/contexte	syn./ant.
l'industrie de transformation	*verarbeitende Industrie*	industrie transformant les matières brutes en produits	
la métallurgie	*Metallindustrie*	ensemble des industries qui travaillent les métaux	
la production de pétrole	*Erdölförderung*	La production du pétrole n'est pas importante en France.	
la matière première	*Rohstoff*	Le pétrole est une matière première de grande importance.	
le produit brut	*Rohprodukt*	produit qui n'est pas fini (p. ex. l'acier)	
le produit fini	*Fertigprodukt*		
l'essor [m]	*Aufschwung*	Les Technologies Nouvelles sont une industrie en plein essor.	= le boom
la croissance zéro	*Nullwachstum*		
la stagnation	*Stagnation*	état d'inactivité	
stagner	*stagnieren*		
le taux d'accroissement	*Wachstumsrate*	Le taux d'accroissement est de 4 %.	
croître	*wachsen*	grandir	
la politique d'austérité	*Sparpolitik*	En temps de crise économique, le gouvernement décide une politique d'austérité.	
le ralentissement des affaires	*Konjunkturabschwächung*	baisse de l'activité économique	
la récession	*Rezession*		= la régression
le blocage des prix	*Preisstopp*	action de fixer les prix	

terme français	dt. Bedeutung	définition/contexte	syn./ant.
le blocage des salaires	*Lohnstopp*	action de fixer les salaires	
la population active	*Erwerbspersonen*	En France, moins de 5 % de la population active travaillent dans l'agriculture.	
le produit intérieur brut (P.I.B.)	*Bruttoinlandsprodukt*	somme des valeurs créées en un an par un pays à l'intérieur des frontières	
le produit national brut (P.N.B.)	*Bruttosozialprodukt*	somme du P.I.B. et des valeurs créées à l'étranger	
le coût de la vie	*Lebenshaltungskosten*	Le coût de la vie monte tous les ans.	
le minimum vital	*Existenzminimum*	somme qui permet de satisfaire le minimum des besoins nécessaires	
le niveau de vie	*Lebensstandard*	Dans les pays riches, il y a un haut niveau de vie.	
la consommation	*Verbrauch, Konsum*	La société moderne est une société de consommation.	
consommer	*verbrauchen, konsumieren*	La publicité veut inciter à consommer plus.	
le consommateur, la consommatrice	*Konsument(in)*	personne qui consomme	
l'association [f] de consommateurs	*Verbraucherschutzorganisation*	organisation protégeant les consommateurs	
la défense du consommateur	*Verbraucherschutz*	protection de ceux qui consomment	
les biens [mpl] de consommation	*Konsumgüter*	Les voitures sont des biens de consommation.	

terme français	dt. Bedeutung	définition/contexte	syn./ant.
les biens de consommation courante	*Güter des täglichen Bedarfs*	produits dont on a besoin tous les jours	
les produits [mpl] de luxe	*Güter des gehobenen Bedarfs*	produits qui sont coûteux et superflus	= les articles de luxe
les biens [mpl] d'investissement	*Investitionsgüter*	biens investis dans une entreprise	= les biens d'équipement
le pouvoir d'achat	*Kaufkraft*	valeur mesurée par ce qu'il est possible d'acheter	

2 L'économie d'entreprise

terme français	dt. Bedeutung	définition/contexte	syn./ant.
l'action [f]	*Aktie*	En cas de crise économique, les actions sont en baisse.	
l'actionnaire [m, f]	*Aktionär*	Tous les ans, il y a une réunion des actionnaires.	
le dividende	*Dividende*	L'an dernier, les actionnaires n'ont pas touché de dividende.	
la société anonyme (S.A.)	*Aktiengesellschaft (AG)*	société commerciale par actions	
la compétitivité	*Konkurrenzfähigkeit*	le fait de supporter la concurrence du marché	
être compétitif, compétitive	*konkurrenzfähig sein*	Ce produit n'est pas compétitif.	
la concurrence déloyale	*unlauterer Wettbewerb*	concurrence qui est malhonnête ou illégale	
la libre concurrence	*freier Wettbewerb*	La libre concurrence est un principe clé du capitalisme.	

terme français	dt. Bedeutung	définition/contexte	syn./ant.
l'automatisation [f]	*Automatisierung*	fonctionnement automatique d'une production	
la chaîne (de montage)	*Fließband*	M. Rey travaille à la chaîne.	
la mécanisation	*Mechanisierung*	indroduction de machines	
l'entreprise [f] de sous-traitance	*Zulieferbetrieb*	Comme l'entreprise a trop de travail, elle cherche des entreprises de sous-traitance.	
la grande entreprise	*Großunternehmen*	Michelin à Clermont-Ferrand est une grande entreprise.	
la petite entreprise	*Kleinunternehmen*		
les petites et moyennes entreprises (P.M.E.)	*kleine und mittlere Betriebe*	Au Japon, les P.M.E. représentent 99 % de l'ensemble des sociétés.	
le siège social	*Firmensitz*	Presque toutes les grandes entreprises françaises ont leur siège social dans la région parisienne.	
la fusion	*Zusammenschluss*	union de deux entreprises	
fusionner	*(sich) zusammenschließen*	En 1976, Citroën et le groupe PSA Peugeot ont fusionné.	
le cartel	*Kartell*	groupe d'entreprises qui s'entendent pour supprimer la concurrence et pour dominer le marché	
l'entente [f] sur les prix	*Preisabsprache*		
les prix [mpl] imposés	*Preisbindung*	prix qui sont obligatoires	

terme français	dt. Bedeutung	définition/contexte	syn./ant.
le monopole	*Monopol*	situation d'une entreprise qui est leader sur le marché et qui le domine	
le conseil de surveillance	*Aufsichtsrat*	groupe de personnes qui surveillent la gestion d'une entreprise	
le directoire	*Vorstand*	conseil qui dirige une entreprise	
la gestion de l'entreprise	*Management*	administration d'une entreprise	
le, la responsable de service	*Abteilungsleiter(in)*	personne responsable d'un rayon	
la gestion du personnel	*Personalwesen*	groupe de l'entreprise qui est responsable des employés	
le service des achats	*Einkaufsabteilung*		
la distribution	*Vertrieb*	ceux qui sont responsables de la répartition des produits	
le chef des ventes	*Vertriebsleiter*	Le chef des ventes contrôle, anime et forme l'équipe de ventes.	
le créneau	*Marktlücke*		
l'étude [f] de marché	*Marktforschung*	elle a pour objet la stratégie commerciale	
le marketing	*Marketing*	M. Cottez fait du marketing chez Renault.	
l'offre [f] et la demande	*Angebot und Nachfrage*	L'offre et la demande marquent l'économie de marché.	
la foire	*Messe*	La foire internationale de Paris est la plus grande foire de France.	= l'exposition [f]

terme français	dt. Bedeutung	définition/contexte	syn./ant.
la pub(licité)	*Werbung*	Depuis les années 90, il est défendu de faire de la publicité pour le tabac en France.	
le public ciblé	*Zielgruppe*		
faire une affaire	*ein Geschäft machen*	Vous avez fait une bonne affaire!	= conclure une affaire
les coûts [mpl] de production	*Produktionskosten*	En licenciant, les patrons espèrent réduire les coûts de production.	
la rentabilité	*Rentabilität*		
rentable	*rentabel*	qui rapporte de l'argent	
la faillite	*Konkurs*	échec complet d'une entreprise	
la vente par correspondance (V.P.C.)	*Versandhandel*		
l'emballage [m]	*Verpackung*	Les frais d'emballage sont à votre charge!	
les frais [mpl] d'expédition	*Versandkosten*	Les frais d'expédition s'élèvent à 5,50 €.	
prix franco domicile	*frei Haus*	sans payer le transport	
les dommages-intérêts [mpl]	*Schadenersatz*	La télé ne marche pas? Tu devrais réclamer des dommages-intérêts.	= les dommages et intérêts
le service après-vente	*Kundendienst*	service assuré par le vendeur après la vente d'un appareil	
l'achat [m]	*Kauf*	action d'acheter qc	
acheter à crédit	*auf Kredit kaufen*	Les Morvan ont acheté leur voiture à crédit.	≠ acheter au comptant

terme français	dt. Bedeutung	définition/contexte	syn./ant.
l'offre [f] ferme	*festes Angebot*	Il lui a fait une offre ferme pour racheter sa voiture.	≠ l'offre [f] sans engagement
la vente	*Verkauf*	Comme les Chapron vont déménager, ils ont mis leur maison en vente.	
les conditions [fpl] de vente	*Verkaufsbedingungen*	ensemble de faits dont dépend la vente d'un produit	
les conditions de paiement	*Zahlungsbedingungen*		
le prix brut	*Bruttopreis*	prix évalué avant déduction des taxes, etc.	≠ le prix net
le prix forfaitaire	*Pauschalpreis*	prix ferme et définitif	
le prix net	*Nettopreis*	prix dont on a déduit les taxes, etc.	≠ le prix brut
la taxe sur la valeur ajoutée (T.V.A.)	*Mehrwertsteuer*	En France, le taux de T.V.A. varie selon le produit.	
paiement à 30 jours	*Zahlung binnen 30 Tagen*		
le paiement au comptant	*Barzahlung; sofortige Zahlung*	paiement immédiat en argent ou par chèque	≠ le paiement à crédit
payer (au) comptant	*bar zahlen*		
payer un acompte	*Anzahlung leisten*	payer une partie du prix	
payer en plusieurs versements	*in Raten zahlen*	Mme Gatard paie sa voiture en 24 versements.	= payer par traites
le retard de paiement	*Zahlungsverzug*		
la lettre de rappel	*Mahnbrief, Mahnung*	La lettre de rappel concerne les factures impayées.	

terme français	dt. Bedeutung	définition/contexte	syn./ant.
la remise	*Rabatt*	Si vous payez comptant, je vous fais une remise sur le frigidaire.	= le rabais
avec 3 % d'escompte	*mit 3 % Skonto*	avec une diminution du prix de 3 %	

3 Le monde du travail

terme français	dt. Bedeutung	définition/contexte	syn./ant.
l'activité [f] (profession-nelle)	*Berufstätigkeit*	Il est en activité.	
l'activité annexe	*Nebentätigkeit, Nebenberuf*	Son acitivité annexe est le gardiennage de nuit.	
l'activité principale	*Hauptbeschäftigung, Hauptberuf*		
l'Agence [f] nationale pour l'emploi (A.N.P.E.)	*Bundesagentur für Arbeit, Arbeitsamt*	*L'Agence nationale pour l'emploi* correspond à *Bundesagentur für Arbeit* en Allemagne.	
l'aide [f] sociale	*Sozialhilfe*	Ils sont pauvres et sans travail, ils touchent une aide sociale.	
les allocations [fpl] de chômage	*Arbeitslosengeld*	Après avoir démissionné, on n'a pas droit aux allocations de chômage.	
l'allocation de fin de droits	*Arbeitslosenhilfe*	Après les allocations de chômage, c'est l'allocation de fin de droits.	
les allocations familiales	*Kindergeld*	Les Caisses d'Allocations Familiales sont responsables de la distribution des allocations familiales.	

terme français	dt. Bedeutung	définition/contexte	syn./ant.
l'apprentissage [m]	*Lehre*	M. Micoud met son garçon en apprentissage chez un boulanger.	
l'artisan [m]	*Handwerker*	personne qui fait un travail manuel	
le bosseur, la bosseuse [fam]	*Arbeitstier*	Martine est une vraie bosseuse.	≠ le paresseux, la paresseuse
le cadre	*leitender Angestellter*	personne qui a une fonction de direction dans une entreprise	
le cadre supérieur	*Führungskraft*	M. Berthet est un cadre supérieur, son voisin un cadre moyen.	
le candidat, la candidate	*Bewerber(in)*	Je me porte candidat à l'emploi offert.	
la candidature	*Bewerbung*	Avant de te présenter à l'entreprise, tu dois écrire une lettre de candidature.	
le chef du personnel	*Personalchef*	personne qui est responsable de l'embauche	
le chômage	*Arbeitslosigkeit*	Ma voisine est au chômage.	
être au chômage	*arbeitslos sein*		
le chômage partiel	*Kurzarbeit*	En temps de crise, le chômage partiel augmente.	
le taux de chômage	*Arbeitslosenquote*	Le taux de chômage est de 10 %.	
le chômeur, la chômeuse	*der, die Arbeitslose*	personne étant au chômage	= le, la sans-emploi
le chômeur, la chômeuse de longue durée	*Langzeitarbeitslose(r)*	en France: celui qui est au chômage depuis plus d'un an	

terme français	dt. Bedeutung	définition/contexte	syn./ant.
la cogestion	*Mitbestimmung*	le fait que les employés prennent part à la gestion de leur entreprise	
le comité d'entreprise	*Betriebsrat*	Les ouvriers de Renault élisent les délégués du comité d'entreprise.	
la conciliation	*Schlichtung*	Il y a une conciliation pour éviter la grève.	= l'arbitrage [m]
le congé	*Urlaub*	M. Tiffoin a une semaine de congé.	
le congé annuel	*Jahresurlaub*	Mon patron m'a donné mon congé annuel au mois d'août.	
le congé (de) maladie	*Urlaub wegen Krankheit*	M. Banchereau est en congé maladie.	
le congé (de) maternité	*Mutterschaftsurlaub*	En France, le congé maternité est de 16 semaines.	
le congé parental	*Erziehungsurlaub, Elternzeit*		
le congé payé, les congés payés	*bezahlter Urlaub*	Depuis 1982, il y a la cinquième semaine de congés payés en France.	≠ le congé non payé
le jour de congé	*arbeitsfreier Tag*	Le mardi est mon jour de congé.	
la consultation de la base	*Urabstimmung*	Demain, il y a la consultation de la base dans l'industrie automobile.	= le vote décidant la grève
le contrat de travail	*Arbeitsvertrag*	contrat dans lequel l'entrepreneur et l'employé fixent les conditions de travail	
le contrat à durée déterminée	*befristetes Arbeitsverhältnis*	Malheureusement, M. Duval m'a offert un contrat à durée déterminée.	≠ le contract à durée indéterminée

terme français	dt. Bedeutung	définition/contexte	syn./ant.
le contrat à durée indéterminée (C.D.I.)	*unbefristetes Arbeitsverhältnis*	contrat de travail dont la fin n'est pas fixée	≠ le contract à durée déterminée
la convention collective	*Tarifvertrag*	La convention collective a caractère obligatoire.	
le cours de perfectionnement	*Fortbildungslehrgang*	Les entrepreneurs aiment qu'on suive régulièrement des cours de perfectionnement.	
le curriculum vitae (curriculum, C.V.)	*Lebenslauf*	Le chef du personnel préfère le curriculum vitae détaillé.	
les débouchés [mpl]	*Berufsaussichten*	Les débouchés dans les Nouvelles Technologies sont formidables.	
le délai de préavis	*Kündigungsfrist*	Les entreprises doivent observer le délai de préavis avant de licencier qn.	
le dirigeant, la dirigeante	*Manager(in), Führungskraft*	personne qui dirige une entreprise	= le manager
l'embauche [f]	*Einstellung, Anstellung*	Mme Percher cherche de l'embauche.	= l'embauchage [m], le recrutement
l'entretien [m] d'embauche	*Vorstellungsgespräch*	Gérard, tu as bien préparé ton entretien d'embauche?	
embaucher qn	*jdn. einstellen*	On l'a embauché dans un garage.	= recruter qn
l'emploi [m]	*Beschäftigung; Arbeitsplatz*	L'A.N.P.E. lui a procuré un emploi.	
l'emploi fixe	*feste Anstellung*		
la demande d'emploi	*Stellengesuch*	Passe enfin une annonce pour faire une demande d'emploi dans ton journal local!	

terme français	dt. Bedeutung	définition/contexte	syn./ant.
les mesures [fpl] de création d'emploi	*Arbeitsbeschaffungsmaßnahmen*		
l'offre [f] d'emploi	*Stellenangebot*	Ne perds pas espoir, regarde les offres d'emploi!	
le plein emploi, le plein-emploi	*die Vollbeschäftigung*	Même dans les pays industrialisés, le plein emploi n'existe plus.	
la précarité de l'emploi	*Unsicherheit des Arbeitsplatzes*	Actuellement, la précarité de l'emploi est énorme.	
le sous-emploi	*Unterbeschäftigung*		
l'employé [m], l'employée [f]	*der, die Angestellte*	personne qui exerce un métier; personne qui est employée plutôt à un travail non manuel	= le salarié, la salariée
l'employeur [m], l'employeuse [f]	*Arbeitgeber(in)*	celui ou celle qui emploie du personnel salarié	= le patron, la patronne
à l'essai	*auf Probe*	M. Girard a engagé un employé à l'essai.	
la période d'essai	*Probezeit*		
la fermeture	*(Betriebs-) Schließung*	action de fermer une entreprise	≠ l'ouverture [f]
la fermeture annuelle	*Betriebsferien*	période pendant laquelle tous les employés d'une entreprise sont en congé	
la formation	*(Aus-)Bildung*	connaissances qu'on a dans son métier et leur acquisition	
la formation permanente	*Fortbildung*		

terme français	dt. Bedeutung	définition/contexte	syn./ant.
la formation professionnelle	*Berufsausbildung*	Nadine et Nicole n'ont pas reçu la même formation professionnelle.	
la grève	*Streik*		
faire grève	*streiken*	Les ouvriers de Michelin font grève.	
la grève d'avertissement	*Warnstreik*		
le droit de grève	*Streikrecht*	Le droit de grève est reconnu par la constitution.	
le harcèlement psychologique	*Mobbing*	Le harcèlement psychologique est un grave problème dans le monde du travail.	
harceler qn au travail	*jdn. mobben*	Après avoir été harcelée au travail, elle a changé d'emploi.	
les heures [fpl] supplémentaires	*Überstunden*	temps de travail qu'on fait en plus de l'horaire normal	
l'horaire [m] flexible	*gleitende Arbeitszeit*	Depuis deux semaines, Frank Peugnier a l'horaire flexible.	
l'indemnité [f] de maladie	*Krankengeld*	Ceux qui exercent un métier et qui sont malades touchent une indemnité de maladie.	
l'intérimaire [m, f]	*Zeitarbeiter(in), Aushilfe*	personne qui fait un travail temporaire	
le travail intérimaire	*Zeitarbeit*		
le journalier, la journalière	*Tagelöhner(in)*	Au Moyen Age, beaucoup de paysans travaillaient comme journaliers.	= personne payée à la journée

terme français	dt. Bedeutung	définition/contexte	syn./ant.
le licenciement	*Entlassung*	Le licenciement est une des causes du chômage.	= le débauchage
le licenciement collectif	*Massenentlassung*	licenciement d'un grand nombre d'employés	
le licenciement économique	*betriebsbedingte Kündigung*	licenciement dû à des raisons économiques	
licencier qn	*jdn. entlassen, jdm. kündigen*	«J'étais licencié par une mesure générale de réduction du personnel.» (Georges Duhamel, 1884–1966)	= débaucher qn, renvoyer qn [fam]
le lock-out [lɔkawt], les lock-out	*Aussperrung*	fermeture d'entreprises décidée par le patron pour empêcher le travail des ouvriers (p. ex. pour briser une grève)	
lever le lock-out	*Aussperrung beenden*	Le patron a décidé de lever le lock-out.	
lock-outer [lɔkawte]	*aussperren*	Les travailleurs ont été lock-outés.	
la main-d'œuvre	*Arbeitskräfte (z. B. eines Landes)*	Les immigrés sont une main-d'œuvre bon marché.	
la mutation	*(berufliche) Versetzung*	M. Delépine a demandé sa mutation.	
l'orientation [f] professionnelle	*Berufsberatung*	action d'informer les jeunes sur les métiers	
le conseiller, la conseillère d'orientation (professionnelle)	*Berufsberater(in)*	Tu ne sais pas quelle formation choisir? Alors va te renseigner auprès d'un conseiller d'orientation professionnelle!	
l'ouvrier [m], l'ouvrière [f]	*Arbeiter(in)*	personne qui est payée pour un travail manuel	= le travailleur, la travailleuse

terme français	dt. Bedeutung	définition/contexte	syn./ant.
l'ouvrier non qualifié	*Hilfsarbeiter*		
l'ouvrier qualifié (O.Q.)	*Facharbeiter*	M. Debotte est ouvrier qualifié chez Airbus à Toulouse.	
l'ouvrier spécialisé (O.S.)	*angelernter Arbeiter*	Comme il est O.S., il ne gagne pas beaucoup.	
l'introduction [f] illégale d'ouvriers immigrés	*Einschleusung von Ausländern, die in Frankreich arbeiten wollen*	Il existe des bandes criminelles qui gagnent beaucoup avec l'introduction illégale d'ouvriers immigrés.	
la paix sociale	*Arbeitsfrieden*	rapports calmes entre les patrons et les employés.	
les partenaires [mpl] sociaux	*Tarifpartner, Sozialpartner*	les syndicats et les syndicats patronaux	
le patronat	*Arbeitgeberschaft*	tous les employeurs	
la pointeuse	*Stechuhr*	machine à l'entrée d'une entreprise dans laquelle les salariés glissent une carte où s'inscrivent les heures d'entrée et de sortie	
faire le pont [fam]	*ein verlängertes Wochenende machen, einen „Brückentag" frei nehmen*	Vendredi, je ne travaille pas, je fais le pont.	
le poste	*Stelle, Posten*	emploi que l'on exerce; lieu où l'on fait son travail	
le poste vacant	*offene Stelle*		
la description du poste à pourvoir	*Stellenbeschreibung*	Cette description du poste à pourvoir n'est pas précise.	

terme français	dt. Bedeutung	définition/contexte	syn./ant.
être présélectionné(e)	*in die nähere Auswahl kommen*	Ce ne sont pas toujours les meilleurs qui sont présélectionnés.	
la profession	*Beruf*	Quelle est votre profession?	= le métier
la profession libérale	*freier Beruf*	Avocat, c'est une profession libérale.	
l'expérience [f] professionnelle	*Berufserfahrung*	Mon ami Philippe n'a aucune expérience professionnelle.	
les perspectives [fpl] professionnelles	*Berufsaussichten*	Les perspectives professionnelles pour les techniciens sont bonnes.	
la promotion	*Beförderung*	obtenir un grade supérieur, monter dans la hiérarchie	= l'avancement [m]
la promotion à l'ancienneté	*Beförderung nach Dienstalter*		
la promotion au mérite	*leistungsabhängige Beförderung*	Tu préfères la promotion au mérite à la promotion à l'ancienneté?	
les possibilités [fpl] de promotion	*Aufstiegschancen*	Dans cette entreprise, les possibilités de promotion sont extraordinaires.	
promouvoir qn	*jdn. befördern*	Il a été promu à ce poste.	
le remboursement des frais	*Spesenvergütung*	rendre de l'argent à qn qui l'a avancé	
la rémunération	*Arbeitsentgelt*	La rémunération n'est pas très haute.	= la rétribution, le paiement, le salaire, la paie
rémunérer qn	*jdn. entlohnen, bezahlen*	Le travail que je cherche doit être bien rémunéré.	= payer qn
la retraite	*Ruhestand, Rente, Pension; Ruhegeld*	Il a pris sa retraite.	

terme français	dt. Bedeutung	définition/contexte	syn./ant.
la préretraite	*Vorruhestand*		
le retraité, la retraitée	*Rentner(in)*	Les petits retraités sont ceux qui touchent une petite retraite.	
l'assurance-retraite [f]	*Renten-versicherung*		
le salaire	*Lohn, Gehalt*	argent payé régulièrement par l'employeur à la personne qu'il emploie	= la paie, le paiement, la rétribution
le salaire brut	*Bruttolohn*	Son salaire brut est plus haut que le salaire net, il est de 2 000 euros environ.	
le salaire net	*Nettolohn*		
le salaire conventionnel	*Tariflohn*	Mme Paquier est payée au salaire conventionnel.	
le salaire horaire	*Stundenlohn*	salaire payé à l'heure	
le salaire mensuel	*Monatslohn*	salaire payé au mois	
le salaire minimum	*Mindestlohn*		
le salaire minimum interprofessionnel de croissance (S.M.I.C.)	*garantierter Mindestlohn*	Un smicard est un travailleur payé au S.M.I.C. (en 2004: S.M.I.C. mensuel brut 1215,11€).	
l'augmentation [f] de salaire	*Lohnerhöhung*	On s'est mis d'accord sur une augmentation de salaire de 2,5 %.	= la hausse des salaires
le ménage à double salaire	*Doppelverdiener (-Haushalt)*	ménage avec deux personnes actives	
le salarié, la salariée	*Arbeitnehmer(in)*	personne qui reçoit un salaire	= le travailleur salarié

terme français	dt. Bedeutung	définition/contexte	syn./ant.
le stage	*Lehrgang; Praktikum*	Pierre a fait un stage dans un hôpital.	
le syndicat	*Gewerkschaft*	association qui a pour but de défendre les intérêts professionnels	
le syndicat patronal	*Arbeitgeberverband*	association qui défend les intérêts des employeurs	
le test (d'aptitude)	*(Eignungs-)Test*	Avant d'obtenir l'emploi, il faut que tu passes un test.	
le travail d'appoint	*Nebenbeschäftigung*		
le travail autonome	*eigenständiges Arbeiten*	Pour les employés, le travail autonome devient de plus en plus important.	
le travail à la chaîne	*Fließbandarbeit*	Moi, je n'aimerais pas faire du travail à la chaîne.	
le travail à domicile	*Heimarbeit*	travail qu'on fait à la maison	
le travail durable	*fester Arbeitsplatz*	Tu ne crois pas que ce soit un travail durable?	
le travail d'équipe	*Teamarbeit*		
le travail intérimaire	*Zeitarbeit*	travail qu'on fait pendant une période limitée	
le travail à mi-temps	*Halbtagsarbeit*	travail pendant la moitié de la durée normale	
le travail à plein temps	*Vollzeitarbeit*	travail pendant la durée normale	= le travail à temps plein
le travail à temps partiel	*Teilzeitarbeit*	Beaucoup de femmes ayant une famille ont un travail à temps partiel.	
le travail au noir	*Schwarzarbeit*	travail illégal qu'on fait sans payer d'impôts	

terme français	dt. Bedeutung	définition/contexte	syn./ant.
le travail aux pièces	*Akkordarbeit*	Quand on fait du travail aux pièces, on est payé au nombre d'unités qu'on fabrique.	
le travail posté	*Schichtarbeit*	Dans l'industrie automobile, le travail posté est la règle.	= le travail par roulement, les trois-huit
le travail saisonnier	*Saisonarbeit*	Dans les stations de sports d'hiver, les restaurants offrent du travail saisonnier.	
les conditions [fpl] de travail	*Arbeitsbedingungen*	Au cours du 20e siècle, les conditions de travail se sont beaucoup améliorées.	
le droit au travail	*Recht auf Arbeit*	Le droit au travail est un droit de l'homme.	
la durée du travail	*Arbeitszeit*	Quelle est votre durée de travail?	= l'horaire [m] de travail
l'incapacité [f] de travail	*Arbeitsunfähigkeit*	L'incapacité de travail est certifiée par un médecin.	
la législation du travail	*Arbeitsgesetzgebung*	La législation du travail interdit le travail des jeunes de moins de 16 ans.	
le lieu de travail	*Arbeitsstätte*	Ton lieu de travail se trouve loin de chez toi?	
le marché du travail	*Arbeitsmarkt*	Chaque année, des milliers de jeunes arrivent sur le marché du travail.	
le partage du travail	*Jobsharing*	le fait que deux personnes occupent la même place de travail	
la réduction du temps de travail	*Arbeitszeitverkürzung*	Depuis 1848, il y a eu une réduction du temps de travail en France de 84 heures à 35 heures par semaine.	

terme français	dt. Bedeutung	définition/contexte	syn./ant.
le télé-travail	*Telearbeit, Bildschirmarbeit*		
travailler à mi-temps	*halbtags arbeiten*	travailler pendant la moitié de la durée normale du travail	
travailler à plein temps	*Vollzeit arbeiten*	Mme Berthet travaille 35 heures par semaine. Elle travaille à plein temps.	= travailler à temps plein ≠ travailler à temps partiel
travailler à temps partiel	*Teilzeit arbeiten*		≠ travailler à plein temps
le travailleur au noir, la travailleuse au noir	*Schwarz-arbeiter(in)*	Plusieurs travailleurs au noir ont été arrêtés par la police.	
le travailleur clandestin, la travailleuse clanestine	*illegal eingereiste(r) Arbeiter(in)*	Beaucoup de travailleurs clandestins travaillent dans la gastronomie.	
le travailleur immigré, la travailleuse immigrée	*Arbeitnehmer(in) ausländischen Ursprungs, Gast-arbeiter(in)*	Les travailleurs immigrés en France sont souvent d'origine africaine.	

4 Les moyens de transport

terme français	dt. Bedeutung	définition/contexte	syn./ant.
l'auto(mobile) [f]	*Auto*	véhicule à quatre roues qui a un moteur	= la voiture
le véhicule	*Kraftfahrzeug*	Pierre Leroux s'est fait renverser par un véhicule.	
l'autobus [m]	*(Auto-)Bus*	véhicule pour le transport des voyageurs en ville	= le bus

terme français	dt. Bedeutung	définition/contexte	syn./ant.
l'autocar [m]	*Reisebus*	véhicule pour transporter des voyageurs en excursion	= le car
la berline	*viertürige Limousine*	voiture à quatre portes	
le break	*Kombi*	La *Laguna Grand Tour* est un break de Renault.	
le camion	*Lkw*	Le passage est interdit aux camions.	= le poids lourd
le camping-car	*Wohnmobil*	camionnette aménagée pour faire du camping	
la 4x4 [katʀkatʀ]	*Geländewagen*	La *Renault Scénic Rx4* est une 4x4 française.	= le tout terrain, la voiture tout terrain
la remorque	*Anhänger*	véhicule sans moteur qui est tiré par un autre	
la voiture à catalyseur	*Katauto, Auto mit Katalysator*	Nous avons une voiture à catalyseur, alors il faut prendre de l'essence sans plomb.	= la voiture à pot catalytique
la voiture d'occasion	*Gebrauchtwagen*	La voiture qu'Alain Maréchal a achetée est une voiture d'occasion.	≠ la voiture neuve
la voiture de location	*Leihwagen*	voiture qu'on a louée	
l'auto-école [f]	*Fahrschule*	école de conduite des voitures	
le moniteur, la monitrice d'auto-école	*Fahrlehrer(in)*	personne qui enseigne à conduire	
le permis de conduire	*Führerschein*	Anne vient de passer son permis de conduire.	
l'essence [f]	*Benzin*	Il faut que je prenne de l'essence!	

terme français	dt. Bedeutung	définition/contexte	syn./ant.
l'essence ordinaire	*Normalbenzin*		
l'essence sans plomb	*bleifreies Benzin*	Les voitures à catalyseur fonctionnent à l'essence sans plomb.	
le gazole	*Diesel*		= le gas-oil
le super(carburant)	*Superbenzin*	Le super est plus cher que l'essence ordinaire.	
le moteur Diesel	*Dieselmotor*	Les moteurs Diesel peuvent être équipés d'un filtre à particules.	
le moteur à essence	*Benzinmotor*		
l'immatriculation [f]	*Zulassung (eines Kfz)*	L'immatriculation se fait à la préfecture.	
immatriculer	*(Kfz) zulassen*	Dans le numéro de la voiture, il y a le 49, elle a été immatriculée dans le Maine-et-Loire.	
la plaque d'immatriculation	*Nummernschild*		= la plaque minéralogique
le cyclomoteur	*Mofa*	bicyclette à moteur	
la moto, la motocyclette	*Motorrad*	En été, Sylvie fait de la moto.	
le, la motocycliste	*Motorradfahrer(in)*	personne qui conduit une moto	
le scooter	*Motorroller*	deux-roues motorisé léger	
le vélo tout terrain (V.T.T.)	*Mountainbike*	bicyclette qu'on peut utiliser en dehors des routes	
le casque	*(Sturz-)Helm*	Le port du casque est obligatoire pour les motocyclistes.	

terme français	dt. Bedeutung	définition/contexte	syn./ant.
la carte routière	*Straßenkarte*	carte montrant le réseau des routes	
l'airbag [m]	*Airbag*	coussin se gonflant en cas de choc	
la ceinture (de sécurité)	*Sicherheitsgurt*	Attachez la ceinture, s.v.p.!	
le dépannage	*Pannenhilfe; Reparatur*	La voiture est en panne, il faut appeler le service de dépannage.	
tomber en panne	*eine Panne haben*	Juste après le départ, on est tombé(s) en panne.	
l'aire [f] de repos	*Rastplatz*	lieu au bord de l'autoroute où l'on peut faire une pause	
l'assistance [f] routière	*Straßenwacht*	organisation qui aide les automobilistes en panne sur la route	
l'autoroute [f]	*Autobahn*	En France, les autoroutes sont à péage, sauf autour des grandes villes.	
la bretelle d'accès	*Autobahnauffahrt*		
l'échangeur [m]	*Autobahnkreuz*		
la voie	*Fahrspur*	Le boulevard périphérique à Paris est une autoroute à trois voies (au moins).	
la voie pour véhicules lents	*Kriechspur*	La voie pour véhicules lents est utilisée par les poids lourds.	
la chaussée	*Fahrbahn*	partie de la rue où circulent les voitures	
la chaussée déformée	*unebene Fahrbahn*		

terme français	dt. Bedeutung	définition/contexte	syn./ant.
la chaussée rétrécie	*verengte Fahrbahn*		
la circulation de transit	*Durchgangsverkehr, Transitverkehr*	circulation qui traverse un pays	
la zone interdite à la circulation	*verkehrsfreie Zone*	La zone piétonne est une zone interdite à la circulation.	
le dommage corporel	*Personenschaden*	dégâts causés aux personnes	
le dommage matériel	*Sachschaden*	dégâts causés aux choses	
écraser qn	*jdn. überfahren*	La petite Marie a été écrasée par un camion.	
les feux [mpl]	*Ampel*	Le feu est au vert.	
freiner	*bremsen*	ralentir un véhicule	≠ accélérer
la contractuelle	*Politesse*	Une contractuelle nous a mis une contravention sur le pare-brise.	
le disque	*Parkscheibe*		
l'horodateur [m]	*Parkscheinautomat*	L'horodateur prend des pièces de 50 centimes.	
le parcmètre	*Parkuhr*	compteur de stationnement payant	
le parking souterrain	*Tiefgarage*	Mettons la voiture au parking souterrain!	
la zone bleue	*Zone mit Halteverbot*	zone à stationnement limité	
la contravention	*gebührenpflichtige Verwarnung*	La contravention pour parking interdit coûte cher.	= le procès-verbal (P.-V.)
le contrevenant, la contrevenante au code de la route	*Verkehrssünder(in)*	personne qui contrevient à une loi sur la circulation	

terme français	dt. Bedeutung	définition/contexte	syn./ant.
l'infraction [f]	*Ordnungswidrigkeit*	violation d'une loi	
l'alco(o)test [m]	*Alkoholtest*	Au contrôle, Lise s'est soumise à l'alcotest.	
la conduite en état d'ivresse	*Trunkenheit am Steuer*		
la prise de sang	*Blutprobe*	Après le contrôle, c'est la prise de sang pour l'analyse.	
le retrait du permis (de conduire)	*Führerscheinentzug*	Le retrait du permis est souvent dû à l'alcool et à la vitesse.	
le délit de fuite	*Fahrerflucht*	Après avoir renversé le piéton, Pauline a commis un délit de fuite.	
le bouchon [fam]	*Stau*	Sur l'autoroute Paris-Fontainebleau, il y a un bouchon de 15 km.	= l'embouteillage [m]
l'heure [f] **de pointe**	*Hauptverkehrszeit*	Paris à l'heure de pointe, c'est un cauchemar.	
rouler au pas	*Schritt fahren*	Attention aux enfants! Roulez au pas!	
le réseau routier	*Straßennetz*	l'ensemble des routes	
la route	*(Land-)Straße*		
se tromper de route	*sich verfahren*	prendre la mauvaise route	
la route à grande circulation	*Hauptverkehrsstraße*	route importante très fréquentée	
la route à priorité	*Vorfahrtstraße*		= la route prioritaire
avoir la priorité	*Vorfahrt haben*	Celui qui vient de droite a la priorité.	

terme français	dt. Bedeutung	définition/contexte	syn./ant.
respecter la priorité	*Vorfahrt achten*		
le code de la route	*Straßenverkehrsordnung*	recueil de lois concernant la circulation routière	
l'enseignement [m] de la sécurité routière	*Verkehrserziehung*	L'enseignement de la sécurité routière est essentiel pour la sécurité des enfants.	
la déviation	*Umleitung*	Prenez la déviation à droite!	
le sens giratoire	*Kreisverkehr*	circulation qui doit s'effectuer autour d'un rond-point	
le contrôle-radar	*Radarkontrolle*		
la limitation de vitesse	*Geschwindigkeitsbegrenzung*	restriction de la vitesse	
la vitesse maximum autorisée	*zulässige Höchstgeschwindigkeit*	Sur les autoroutes de France, la vitesse maximum autorisée est de 130 km/h.	
les transports [mpl] en commun	*öffentliche Verkehrsmittel*	moyens de transport qui peuvent être utilisés par tous	
le métro(politain)	*U-Bahn*	Les tickets de métro s'achètent dans les distributeurs automatiques.	
le réseau express régional (R.E.R.)	*Pariser Nahverkehrsnetz*	Pour aller de Paris à Versailles, tu prends le R.E.R.	
le train de banlieue	*Nahverkehrszug*		
le train à grande vitesse (T.G.V.)	*französischer Hochgeschwindigkeitszug*	Le T.G.V. pour Nantes part de la gare Montparnasse.	

terme français	dt. Bedeutung	définition/contexte	syn./ant.
le réseau ferroviaire	*Schienennetz*	Le réseau ferroviaire français s'oriente sur Paris.	
la catastrophe ferroviaire	*Eisenbahnunglück*		
le déraillement	*Entgleisung*		
le signal d'alarme	*Notbremse*	En cas d'urgence, vous tirez le signal d'alarme!	
le train de voyageurs	*Personenzug*	train transportant des voyageurs	≠ le train de marchandises
changer de train	*umsteigen*	Il nous faut changer de train à Paris.	
la correspondance	*Anschluss(zug)*	Il faut attendre la correspondance à la gare de Reims.	
l'horaire [m] (des trains)	*(Zug-)Fahrplan*	Le train de Strasbourg est en retard sur son horaire.	
l'aller simple [m]	*einfache Fahrkarte*	billet valable pour le voyage dans une direction	
le billet	*Fahrkarte*	«Je voudrais un billet pour Chamonix.»	
le billet aller-retour	*Rückfahrkarte*		= l'aller-retour [m]
le billet à tarif réduit	*ermäßigte Fahrkarte*	«Je suis étudiant. Auriez-vous un billet à tarif réduit?»	
payer plein tarif	*den vollen Preis bezahlen*	A partir de 16 ans, on paie plein tarif.	
le composteur	*Fahrscheinentwerter*	instrument qui perfore les billets de train, p. ex.	
composter	*entwerten*	Veuillez composter le billet avant de monter dans le train.	
le distributeur automatique	*Fahrkartenautomat*	appareil qui sert à distribuer des billets	

terme français	dt. Bedeutung	définition/contexte	syn./ant.
l'aéroglisseur [m]	*Luftkissenboot*	véhicule avançant sur l'eau au moyen d'un coussin d'air	
le bac	*Fähre*	bateau plat qui sert à passer un fleuve, p.ex.	
le car-ferry	*Autofähre*	Les Girard ont pris le car-ferry pour aller en Angleterre.	
le cargo	*Frachtschiff*	navire qui transporte des marchandises	
la croisière	*Kreuzfahrt*	Les parents d'Anne-Angèle partiront en croisière.	
la navigation maritime	*Seeschifffahrt*		
le navire	*seetüchtiges Schiff*	grand bateau destiné au transport sur l'océan	
le paquebot	*Passagierdampfer*	Le paquebot *Queen Mary 2* a quitté les *Chantiers de l'Atlantique* de Saint-Nazaire en 2003.	
le pétrolier	*Tanker*	navire transportant du pétrole	
le porte-conteneurs	*Containerschiff*	navire transportant des conteneurs	
le transbordeur	*Eisenbahnfähre*		
le pavillon	*Flagge*	pièce d'étoffe hissée sur un navire pour indiquer la nationalité	= le drapeau
le pavillon de complaisance	*Billigflagge*		
le port	*Hafen*	Marseille a un des plus grands ports de commerce de France.	
le port fluvial	*Binnenhafen*		

terme français	dt. Bedeutung	définition/contexte	syn./ant.
le chantier naval	*Werft*	Les *Chantiers de l'Atlantique* à Saint-Nazaire sont le plus grand chantier naval de France.	
le canot de sauvetage	*Rettungsboot*	bateau que l'on utilise en cas de naufrage	
le gilet de sauvetage	*Schwimmweste*	gilet gonflé qui permet de flotter	
le signal de détresse	*SOS-Notruf*	signal d'un navire en difficultés	= le S.O.S.
être en détresse	*in Seenot sein*		
lancer des S.O.S.	*SOS-Notruf senden*	Le navire en détresse a lancé des S.O.S.	
le naufrage	*Schiffbruch*	Suite à la tempête, deux bateaux ont fait naufrage.	
le naufragé, la naufragée	*Schiffbrüchige(r)*	personne qui a fait naufrage	
la pêche côtière	*Küstenfischerei*	En Bretagne, la pêche côtière est un secteur économique de grande importance.	
la pêche en haute mer	*Hochseefischerei*		
le chalutier	*Trawler*	bateau de pêche dont le filet est attaché à l'arrière du bateau	
le filet	*Netz*	Le filet du chalutier passe à l'eau.	
le navire-usine	*Fabrikschiff*	grand bateau de pêche moderne où l'on prépare le poisson	
la navigation aérienne	*Luftfahrt*	circulation aérienne	= l'aéronautique [f]

terme français	dt. Bedeutung	définition/contexte	syn./ant.
l'avion [m] à réaction	*(Düsen-)Jet*		
l'avion supersonique	*Überschall-flugzeug*	L'avion supersonique *Concorde* ne vole plus depuis 2003.	
la vitesse supersonique	*Überschall-geschwindigkeit*	Mach supérieur à 1 désigne une vitesse supersonique.	
l'atterrissage [m]	*Landen (eines Flugzeugs)*	L'aéroport *Charles-de-Gaulle* à Paris a plusieurs pistes d'atterrissage.	≠ le décollage
atterrir	*landen*	L'avion va atterrir à Paris-Orly dans 20 minutes.	= se poser
le décollage	*Starten (eines Flugzeugs)*	Les passagers doivent attacher leurs ceintures avant le décollage.	≠ l'atterrissage [m]
la catastrophe aérienne	*Flugzeug-katastrophe*		
la chute	*Absturz*	fait de tomber (d'un avion, p. ex.)	
la boîte noire	*Flugschreiber*	boîte obligatoire dans les avions qui enregistre les messages radio, etc.	

La culture

1 L'enseignement

terme français	dt. Bedeutung	définition/contexte	syn./ant.
être cultivé, e	*gebildet sein*	Ce monsieur est vraiment cultivé.	= avoir de l'instruction [f]
l'école [f] privée	*Privatschule*	La plupart des écoles privées sont des écoles de confession catholique.	
l'école publique	*staatliche Schule*	Les écoles publiques scolarisent plus de 80 % des élèves français.	
l'éducateur [m], l'éducatrice [f]	*Erzieher(in)*	Les parents sont les premiers éducateurs de tout enfant.	
éduquer	*erziehen*	Pauline est une fille bien éduquée.	= élever
la scolarité	*Schulzeit; Schulbesuch*	En France, la scolarité est obligatoire de 6 à 16 ans.	
scolaire	*schulisch*	ce qui concerne l'école	
l'année [f] scolaire	*Schuljahr*	L'année scolaire comprend trois trimestres.	
l'établissement [m] (scolaire)	*Schule, Lehranstalt*	ensemble des installations d'une école	= l'école [f]
la salle de classe	*Klassenzimmer*		
la salle des professeurs	*Lehrerzimmer*	salle réservée aux enseignants	
le centre de documentation et d'information (C.D.I.)	*Dokumentations- und Informationsstelle einer Schule*	Le C.D.I. est un endroit où les élèves peuvent effectuer des recherches documentaires.	
le gymnase	*Turnhalle*	bâtiment où l'on pratique le sport	

terme français	dt. Bedeutung	définition/contexte	syn./ant.
la cantine (scolaire)	*Kantine*	La plupart des élèves français dont les parents travaillent mangent à la cantine.	
le réfectoire	*Speisesaal*		
la crèche	*(Kinder-)Krippe*	établissement où l'on reçoit dans la journée les enfants de moins de trois ans	
l'école [f] **maternelle**	*Vorschule*	99,9 % des enfants âgés de trois ans vont à l'école maternelle.	= la maternelle
l'enseignement [m] **primaire**	*Grundschulwesen*	enseignement donné à l'école élémentaire	
l'école [f] **élémentaire**	*Grundschule*	Il y a cinq années d'école élémentaire.	
l'enseignement [m] **secon-daire**	*höheres Schulwesen*	Dans l'enseignement secondaire il y a deux niveaux: le collège et le lycée.	
le collège	*vierklassige Gesamtschule für ca. 11- bis 15-jährige Schüler*	Le collège pour tous les élèves, dit «collège unique», a été créé en 1975.	
le lycée	*Gymnasium*	Au lycée, les classes s'appellent *seconde, première* et *terminale*.	
fréquenter un lycée	*ein Gymnasium besuchen*		= aller au lycée
le bac(calau-réat)	*Abi(tur)*	Le bac donne accès aux études supérieures.	
le bachelier, la bachelière	*Abiturient(in)*	En France, on compte environ 60 % de bacheliers par classe d'âge.	

terme français	dt. Bedeutung	définition/contexte	syn./ant.
le brevet des collèges	*Abschlusszeugnis des* collège	Le brevet des collèges est un examen obligatoire à la fin du collège.	
le diplôme de fin d'études	*Schulabschluss*		
le directeur, la directrice	*Schulleiter(in)*	chef d'un établissement scolaire	
le principal	*Leiter(in) eines collège*	chef d'un collège	
le proviseur	*Leiter(in) eines* lycée	«Bonjour Mme le proviseur.»	
le corps enseignant	*Lehrkörper*	l'ensemble des professeurs et instituteurs	
l'enseignant [m], l'enseignante [f]	*Lehrkraft*	personne qui enseigne	
l'instituteur [m], l'institutrice [f]	*Lehrer(in) einer* école primaire	En France, on compte plus de 300 000 instituteurs dans les écoles primaires.	= le maître, la maîtresse, le professeur des écoles
le professeur	*Lehrer(in)*	Mme Hauton est professeur d'allemand.	= le, la prof [fam]
le professeur de lycée	*Gymnasiallehrer(in)*		
le professeur principal	*Klassenlehrer(in)*	le professeur le plus important d'une classe	
l'écolier [m], l'écolière [f]	*Schulkind*	A l'école élémentaire, les écoliers apprennent les bases du calcul et de la lecture.	
l'élève [m, f]	*Schüler(in)*	47 % des enseignants ont des problèmes à motiver les élèves.	

terme français	dt. Bedeutung	définition/contexte	syn./ant.
le collégien, la collégienne	*Schüler(in) eines* collège	En classe de 4e, les collégiens choisissent leur deuxième langue étrangère.	
le lycéen, la lycéenne	*Schüler(in) eines* lycée		
avoir cours	*Unterricht haben*	Presque tous les élèves français ont cours le samedi matin.	= avoir classe
l'emploi [m] du temps	*Stundenplan*	L'emploi du temps de Claire qui est en 3e comprend 32 cours de 55 minutes par semaine.	
la rentrée (des classes)	*Schulanfang*	La rentrée a lieu en septembre.	
les vacances [fpl] (scolaires)	*(Schul-)Ferien*	Les grandes vacances d'été durent 9 semaines.	
la matière	*Unterrichtsfach*	Les collégiens en classe de 6e ont 8 matières obligatoires dont technologie.	
le programme	*Lehrplan, Richtlinien*	Le programme scolaire est fixé par le ministre de la culture.	
le bulletin	*Zeugnis*	Tous les trois mois, les élèves ont un bulletin trimestriel.	
la notation	*Benotung*	action de donner une note	
la moyenne des notes	*Notendurchschnitt*		
avoir la moyenne	*ausreichend oder besser sein*	avoir la note 10 ou plus	
très bien	*sehr gut*	16 – 20	
bien	*gut*	14 – 15	
assez bien	*befriedigend*	12 – 13	

terme français	dt. Bedeutung	définition/contexte	syn./ant.
passable	*ausreichend*	10 – 11	
médiocre	*mangelhaft*	qui n'a pas la moyenne (moins de 10)	
insuffisant, e	*ungenügend*	proche de 0	= nul, nulle
le passage en classe supérieure	*Versetzung*		
passer en classe supérieure	*versetzt werden*	En 5e et en 3e du collège, le conseil de classe décide si l'élève passe en classe supérieure.	
redoubler	*sitzen bleiben*	La moitié des élèves redoublent pendant leur scolarité.	
l'enseignement [m] supérieur	*Hochschulwesen*	universités, grandes écoles, écoles d'ingénieurs, etc.	
les Grandes Ecoles [fpl]	*französische Elitehochschulen*	De nombreux hommes politiques ont fait leurs études aux Grandes Ecoles.	
le concours d'admission	*Zulassungsprüfung*	Le concours d'admission aux Grandes Ecoles est préparé dans des Classes Préparatoires qui durent deux ans.	
la résidence universitaire	*Studentenwohnheim*	Comme le nombre des résidences universitaires est insuffisant, les étudiants habitent aussi dans des foyers privés.	= la cité U [fam]
le restaurant universitaire	*Mensa*	Les repas au restaurant universitaire ne sont pas chers.	= le resto U, le R.U. (fam)
les études [fpl] (universitaires)	*Studium*	Nicole a commencé ses études à l'Université de Limoges.	

terme français	dt. Bedeutung	définition/contexte	syn./ant.
abandonner les études	*sein Studium abbrechen*	Environ 100 000 étudiants par an abandonnent leurs études.	
l'inscription [f]	*Immatrikulation*	action de s'inscrire à l'université	= l'immatriculation [f]
les droits [mpl] **universitaires**	*Studiengebühren*	Les droits universitaires sont fixés chaque année par arrêté ministériel.	= les droits d'inscription à l'université
la bourse	*Stipendium*	Un étudiant sur cinq bénéficie d'une bourse.	
le semestre	*Semester*	période de six mois où les étudiants suivent les cours	
les vacances [fpl] **intersemestrielles**	*Semesterferien*	Beaucoup d'étudiants doivent gagner de l'argent pendant les vacances intersemestrielles.	
le cours magistral	*Vorlesung*	Victoire va suivre un cours magistral sur le roman naturaliste.	
le séminaire	*Seminar*	groupe de travail d'étudiants et d'un professeur d'université	
le premier cycle	*Grundstudium*	Le premier cycle comporte deux ans de formation.	
le diplôme d'études universitaires générales (D.E.U.G.)	*Prüfung nach dem* premier cycle	30 % des étudiants réussissent au D.E.U.G. après deux ans d'études.	
le deuxième cycle	*Hauptstudium*	Le deuxième cycle comporte deux à trois ans d'études.	= le second cycle
le troisième cycle	*Aufbaustudium, Promotionsstudium*	cycle de haute spécialisation, p. ex. pour préparer le doctorat	

terme français	dt. Bedeutung	définition/contexte	syn./ant.
le doctorat	*Promotion*	Pierre Levallois a un doctorat ès lettres.	
la thèse de doctorat	*Dissertation, Doktorarbeit*		
les Lettres [fpl]	*Geisteswissenschaften*	Les universités de Lettres et de sciences humaines sont les plus fréquentées.	
la médecine dentaire	*Zahnmedizin*		
les sciences [fpl] (physiques et naturelles)	*Naturwissenschaften*	physique, biologie, chimie, etc.	
les sciences économiques	*Wirtschaftswissenschaften*		
les sciences de l'éducation	*Erziehungswissenschaften*		
les sciences humaines	*Humanwissenschaften*	sciences qui étudient l'homme: sociologie, psychologie, etc.	
les sciences politiques	*Politikwissenschaft*		
le professeur d'université	*Professor(in)*	Les professeurs d'université sont recrutés par voie de concours.	
la recherche	*Forschung*		
le chercheur, la chercheuse	*Forscher(in)*	Les chercheurs luttent pour obtenir des conditions plus favorables à la recherche.	
l'examen [m]	*Examen; Prüfung*	série d'épreuves qu'on passe après un cycle de formation	
être reçu(e) à l'examen	*die Prüfung bestehen*	Alain a été reçu à l'examen.	≠ être recalé

2 La langue

terme français	dt. Bedeutung	définition/contexte	syn./ant.
la linguistique	*Linguistik, Sprachforschung*	science qui a les langues pour objet	
le, la linguiste	*Linguist(in)*	spécialiste en langues	
la communauté linguistique	*Sprachgemeinschaft*	Les pays francophones sont une communauté linguistique.	
la frontière linguistique	*Sprachgrenze*	En Belgique, il y a une frontière linguistique: en Flandre, on parle flamand et la Wallonie est francophone.	
la langue étrangère	*Fremdsprache*	En 6ᵉ, les collégiens français étudient la première langue étrangère, le plus souvent l'anglais.	
la langue ancienne	*alte Sprache*	langue qu'on ne parle plus (le latin, p.ex.)	= la langue morte
la langue moderne	*neuere Sprache*	L'anglais et le français sont des langues modernes.	= la langue vivante
la langue romane	*romanische Sprache*	langue issue du latin (français, italien, espagnol, roumain, etc.)	
les études [fpl] romanes	*Romanistik*	études des langues romanes (français, italien, espagnol, roumain, etc.)	
le, la romaniste	*Romanist(in)*	spécialiste en langues romanes	
les peuples [mpl] latins	*romanische Völker*		
la francophonie	*französische Sprachgemeinschaft*	l'ensemble des pays et régions où le français est la seule ou une des langues parlées	

terme français	dt. Bedeutung	définition/contexte	syn./ant.
francophone	*französisch sprechend*	qui parle le français	
francophile	*frankreich-freundlich*	qui aime la France et sa culture	
francophobe	*frankreich-feindlich*	qui est hostile à la France et à sa culture	
le français langue étrangère	*Französisch als Fremdsprache*	français qu'on ne parle pas comme langue maternelle	
l'ancien français [m]	*Altfranzösisch*	français parlé du IXe au XIIIe siècle	
le français fondamental	*französischer Grundwortschatz*	vocabulaire de base français	
la langue maternelle	*Muttersprache*	La langue maternelle des habitants de la Suisse romande est le français.	
la langue officielle	*Amtssprache*	En Suisse, on trouve quatre langues officielles: l'allemand, le français, l'italien et le romanche.	
la langue de travail	*Arbeitssprache*	Le français est une des langues de travail de la Communauté Européenne.	
le bilinguisme	*Zweisprachigkeit*	Au Québec, on trouve un bilinguisme: les Québécois parlent anglais et français.	
bilingue	*zweisprachig*	qui parle deux langues; où l'on parle deux langues	
trilingue	*dreisprachig*	qui parle trois langues	
polyglotte	*vielsprachig*		
l'interprétation [f]	*Dolmetschen*	action de traduire ce qui est dit	
l'interprète [m, f]	*Dolmetscher(in)*	personne qui traduit ce qui est dit	

terme français	dt. Bedeutung	définition/contexte	syn./ant.
maîtriser une langue	*eine Sprache beherrschen*	parler parfaitement une langue	
la traduction	*Übersetzung*	action de traduire un texte dans une autre langue	
la traduction littérale	*wörtliche Übersetzung*	la traduction mot à mot	
traduire librement	*frei übersetzen*	Traduire le sens, sans s'attacher aux mots.	
le thème	*Übersetzung in die Fremdsprache*	traduction dans une langue étrangère	≠ la version
la version	*Übersetzung aus der Fremdsprache*	traduction dans sa propre langue	≠ le thème
le niveau de langue	*Sprachebene*	Le code écrit et le code oral sont deux niveaux de langue.	
la langue écrite	*geschriebene Sprache*		
la langue parlée	*gesprochene Sprache*	Le mot *boulot* s'utilise seulement en langue parlée.	
le langage familier	*Umgangssprache*	langage qu'on parle en famille et entre amis	
familier, familière	*umgangssprachlich*		
le charabia	*Kauderwelsch*	langage difficile à comprendre et incorrect	= le baragouin
élevé, e	*gehoben*	qui a un certain niveau	≠ bas
au sens figuré	*im übertragenen Sinn*	Dans la phrase «Ce professeur est un âne», «âne» est utilisé au sens figuré.	≠ au sens propre
l'argot [m]	*Argot; Gaunersprache*	langage populaire parlé dans les milieux criminel, scolaire, sportif, etc.	

terme français	dt. Bedeutung	définition/contexte	syn./ant.
le franglais	*mit Anglizismen durchsetztes Französisch*	L'*Académie française* essaie de résister au franglais.	
le verlan	*Argot, der auf dem Austausch von Silben beruht*	argot où l'on inverse les syllabes; on dit p. ex. «laisse béton» pour «laisse tomber».	
l'orthographe [f]	*Rechtschreibung*	Pierre est un élève qui est nul en orthographe.	
épeler	*buchstabieren*	Pourriez-vous épeler votre nom, s.v.p.?	
la syllabe	*Silbe*	L'alexandrin est un vers de douze syllabes.	
la majuscule	*Großbuchstabe*	*Un Français* s'écrit avec un *F* majuscule.	
la minuscule	*Kleinbuchstabe*	L'adjectif *français* s'écrit avec un *f* minuscule.	
la consonne	*Konsonant*	Les lettres *b, c, d,* etc. sont des consonnes.	
la voyelle	*Vokal*	Les lettres *a, e, i, o, u, y* sont des voyelles.	
la ponctuation	*Zeichensetzung*	Le point d'exclamation est un signe de ponctuation.	
s'accorder avec	*sich richten nach, sich angleichen an*	«Attention! Au passé composé avec *être*, le participe passé s'accorde avec le sujet.»	
la lexicologie	*Wortkunde*	science des mots et de leurs fonctions	
la sémantique	*Semantik*	étude du sens des mots	

3 La littérature

terme français	dt. Bedeutung	définition/contexte	syn./ant.
la littérature universelle	*Weltliteratur*	Les romans de Balzac font partie de la littérature universellle.	
l'écrivain [m], l'écrivaine [f]	*Schriftsteller(in)*	Voltaire et Rousseau étaient des écrivains du *siècle des Lumières.*	
le pseudonyme	*Pseudonym*	Romain Gary a écrit plusieurs romans sous le pseudonyme *Emile Ajar.*	
le nègre [fam]	*Ghostwriter*	personne payée pour écrire un ouvrage signé par un(e) autre.	
rédiger	*verfassen*	écrire	
le manuscrit	*Manuskript*	texte original écrit à la main	
la narration	*Erzählung*	texte détaillé d'une suite de faits	= le récit
le narrateur, la narratrice	*Erzähler(in)*	personne qui raconte	
l'œuvre [f]	*(literarisches) Werk*	*Colline* est une œuvre célèbre de Jean Giono.	= l'ouvrage [m]
l'œuvre en prose	*Prosawerk*	Les romans et nouvelles sont des œuvres en prose.	
la prose	*Prosa*	texte qui n'est soumis à aucune règle de la versification	
le récit historique	*historische Erzählung*	Victor Hugo a écrit des récit historiques.	
le récit de voyage	*Reisebericht*	Marco Polo a écrit des récit de voyage.	
le roman d'aventures	*Abenteuerroman*	Ce garçon aime lire des romans d'aventures.	

terme français	dt. Bedeutung	définition/contexte	syn./ant.
le roman policier	*Kriminalroman*	Le roman policier est très populaire.	
le roman de science-fiction	*Sciencefiction-roman*	*Fahrenheit 451* est un roman de science-fiction.	
le roman social	*zeitkritischer Roman*	*Les Misérables* de Victor Hugo est un roman social du 19e siècle.	
le roman du terroir	*Heimatroman*	Marcel Pagnol a écrit des romans du terroir.	
le romancier, la romancière	*Romanschrift-steller(in)*	auteur de romans	
le conte	*Erzählung, Geschichte*	En 1883, Maupassant a écrit *Les Contes de la bécasse.*	
le conte de fées	*Märchen*	récit merveilleux	
la fable	*Fabel*	Jean de La Fontaine a dit de ses fables: «Je me sers d'animaux pour instruire les hommes.»	
la nouvelle	*Novelle*	De 1880 à 1891, Guy de Maupassant a publié environ trois cents nouvelles et six romans.	
la pièce de théâtre	*Theaterstück, Schauspiel*	*Huis clos* est une pièce de théâtre à un acte.	
l'acte [m]	*Akt, Aufzug*		
le drame	*Bühnenstück; Drama*	*Les Mouches* est un drame de Jean-Paul Sartre.	
l'auteur [m] dramatique	*Bühnenautor(in)*		
la comédie	*Komödie, Lustspiel*	On trouve dans les comédies de Molière un tableau complet de la société du 17e siècle.	

terme français	dt. Bedeutung	définition/contexte	syn./ant.
l'auteur [m] comique	*Komödienautor(in)*		
la tragédie	*Tragödie*	Presque toutes les tragédies de Jean Racine ont été tirées des Anciens comme Sénèque et Tacite.	
l'auteur [m] tragique	*Tragödiendichter(in)*	Racine est l'auteur tragique le plus connu en France.	
le personnage principal	*Hauptperson, Protagonist*	Le personnage principal dans *Candide* de Voltaire (18ᵉ siècle) est un jeune naïf qui découvre le monde.	= le protagoniste ≠ le personnage secondaire
le discours	*Rede*	En 1849, Victor Hugo a fait son *Discours sur la misère*.	
l'orateur [m], l'oratrice [f]	*Redner(in)*	personne qui fait un discours	
la poésie	*Dichtung; Gedicht*	La *Chanson de Roland* fait partie de la poésie du Moyen Age.	
l'œuvre [f] poétique	*Dichtung*	L'œuvre poétique de Baudelaire est énorme.	
poétique	*poetisch*		
le poète, la femme poète	*Dichter(in)*	Marie Noël est une femme poète du 20ᵉ siècle.	
la strophe	*Strophe*	*Le dormeur du val* d'Arthur Rimbaud (19ᵉ siècle) est composé de quatre strophes.	
le vers	*Vers*	Un vers libre est un vers non rimé.	
la rime	*Reim*	Les rimes croisés ont la forme a-b-a-b.	
le lyrisme	*Lyrik*	La nature et l'amour sont des thèmes du lyrisme.	

terme français	dt. Bedeutung	définition/contexte	syn./ant.
l'analyse [f] de texte	*Textanalyse*		= le commentaire de texte
la compréhension du texte	*Textverständnis*		
l'explication [f] de texte	*Textinterpretation*	étude d'un texte	
la prise de position	*Stellungnahme*		
le résumé	*Inhaltsangabe, Resümee*	«Faites le résumé du texte donné!»	
le contenu	*Inhalt*	ce qui est dans un texte	
le thème	*Thema; Stoff*	L'un des thèmes favoris de Jean-Jacques Rousseau est la nature.	= la matière, le sujet
traiter un sujet	*ein Thema behandeln*	On a souvent traité le sujet de l'amour dans la poésie.	
l'extrait [m]	*(Text-)Ausschnitt*	passage tiré d'un texte	
le paragraphe	*Absatz*		
le passage	*(Text-)Abschnitt*		
le plan	*Gliederung*	«Avant de résumer le texte, vous en faites le plan.»	
l'arrière-plan [m]	*Hintergrund*		≠ le premier plan
le premier plan	*Vordergrund*	le plan le plus proche de l'œil du spectateur	≠ l'arrière-plan [m]
diviser en	*gliedern in*	Un grand nombre de textes peuvent être divisés en trois parties.	
la préface	*Vorwort*	petit texte en tête d'un livre	
la table des matières	*Inhaltsverzeichnis*	énumération des chapitres d'un livre	

terme français	dt. Bedeutung	définition/contexte	syn./ant.
l'introduction [f]	*Einleitung*	première partie d'un texte	
la partie principale	*Hauptteil*	La partie principale consiste en cinq chapitres.	
la conclusion	*Schlussteil; Schlussfolgerung*	La conclusion n'est pas convaincante.	
en conclusion	*abschließend*		
la postface	*Nachwort*	commentaire à la fin d'un livre	≠ la préface
l'atlas [m]	*Atlas*	recueil de cartes géographiques	
la bande dessinée (B.D.)	*Comic*	*Titeuf* est une B.D. en langue française dessinée par le Suisse Philippe Chapuis.	
le best-seller	*Bestseller*	*Sur les murs de la classe* de François Cavanna était un best-seller en janvier 2004.	
l'encyclopédie [f]	*Enzyklopädie*	Diderot et d'Alembert furent les principaux rédacteurs de l'*Encyclopédie* (18e siècle).	
le lexique	*Lexikon*		
le livre de poche	*Taschenbuch*	On trouve presque toutes les grandes œuvres de la littérature française en livre de poche.	
le livre scolaire	*Schulbuch*	livre dont on a besoin à l'école	= le manuel (scolaire)
le volume	*der Band*	*L'Encyclopédie générale Larousse* est une encyclopédie moderne en trois volumes.	= le tome
l'éditeur [m], l'éditrice [f]	*Herausgeber(in)*	personne ou société qui assure la publication d'un ouvrage	

terme français	dt. Bedeutung	définition/contexte	syn./ant.
l'édition [f]	*Herausgabe (eines Buches); (Buch-)Ausgabe*	publication d'un livre	
la maison d'édition	*Verlag*	Les *Editions Gallimard* sont une des grandes maisons d'édition française.	
la réédition	*Neuauflage*	Ce livre va paraître en réédition en novembre.	
paraître	*erscheinen*	*Marianne* est une publication qui paraît chaque semaine.	
le tirage	*Auflage*	*Le Monde diplomatique* est un mensuel à grand tirage.	

4 Les sciences

terme français	dt. Bedeutung	définition/contexte	syn./ant.
le, la scientifique	*Wissenschaftler(in)*	André-Marie Ampère (1775–1836), scientifique français, a fait des recherches sur l'électricité.	= le savant, la savante
scientifique	*wissenschaftlich*	Cela n'est pas une démarche scientifique!	
le chercheur, la chercheuse	*Forscher(in)*	Beaucoup de chercheurs français partent aux Etats-Unis.	
l'exploration [f]	*Erforschung*	Au 17e siècle, La Salle est parti au Canada pour faire l'exploration de l'Amérique du Nord.	
l'explorateur [m], l'exploratrice [f]	*Erforscher(in)*	L'explorateur Robert Scott est connu pour ses expéditions en Antarctique.	
explorer	*erforschen*		

l'invention [f]	*Erfindung*	action d'inventer quelque chose	
l'inventeur [m], **l'inventrice** [f]	*Erfinder(in)*	personne qui invente	
inventer	*erfinden*	Thomas Edison a inventé l'ampoule électrique.	
la découverte	*Entdeckung*	«Allez, on part à la découverte de Paris!»	
le, la biologiste	*Biologe, Biologin*	spécialiste en biologie	
la faune	*Tierwelt*	ensemble des animaux (d'une région, p. ex.)	= le monde animal
l'espèce [f] **animale**	*Tierart*		
le mammifère	*Säugetier*	On trouve des mammifères terrestres (p. ex. les hommes) et des mammifères aquatiques (p. ex. les baleines).	
les vertébrés [mpl]	*Wirbeltiere*	animaux possédant une colonne vertébrale (poissons, mammifères, etc.)	
la femelle	*Weibchen*	La chèvre est la femelle du bouc.	
femelle	*weiblich*		
le mâle	*Männchen*	Le taureau est le mâle de la vache.	
mâle	*männlich*		
les amphibiens [mpl]	*Amphibien*	animaux qui sont capables de vivre à l'air et dans l'eau	
le crustacé	*Krebstier*	Le crabe et la langouste sont des crustacés marins.	
les insectes [mpl]	*Insekten*	mouches, papillons, etc.	
le mollusque	*Weichtier*	Les huîtres sont des mollusques dont la coquille est feuilletée.	

terme français	dt. Bedeutung	définition/contexte	syn./ant.
le poisson	*Fisch*	Petit poisson deviendra grand. (proverbe)	
les reptiles [mpl]	*Reptilien*	Les dinosaures, énormes reptiles fossiles …	
la flore	*Pflanzenwelt*	ensemble des plantes	
la plante aquatique	*Wasserpflanze*	plante vivant dans l'eau	
la plante sauvage	*Wildpflanze*		
l'arbre [m] fruitier	*Obstbaum*		
les agrumes [mpl]	*Zitrusfrüchte*	citrons, oranges, pamplemousses, etc.	
les conifères [mpl]	*Nadelbäume*	plantes qui portent des aiguilles comme le pin	
les feuillus [mpl]	*Laubbäume*	arbres portant des feuilles	
la chimie minérale	*anorganische Chemie*		
la chimie organique	*organische Chemie*	La chimie organique est la chimie du carbone.	
le, la chimiste	*Chemiker(in)*	personne qui s'occupe de chimie	
le mathématicien, la mathématicienne	*Mathematiker(in)*	spécialiste en mathématiques	
l'algèbre [f]	*Algebra*	L'algèbre et la géométrie font partie des mathématiques.	
l'angle [m] droit	*rechter Winkel*		
le triangle	*Dreieck*	figure à trois côtés	
triangulaire	*dreieckig*		
le quadrilatère	*Viereck*	figure à quatre côtés	

terme français	dt. Bedeutung	définition/contexte	syn./ant.
le rectangle	*Rechteck*	figure à quatre angles droits	
rectangulaire	*rechteckig*		
le carré	*Quadrat*	figure à quatre angles droits et à côtés égaux	
le losange	*Rhombus*		
le cercle	*Kreis*	«Faites un cercle d'un diamètre de trois mètres.»	
le diamètre	*Durchmesser*		
la sphère	*Kugel*	surface fermée dont tous les points sont à une distance égale du centre	
sphérique	*kugelförmig*		
le cube	*Würfel*	objet à six faces carrées égales	
le cône	*Kegel*	Le cône d'un volcan se forme par les laves refroidies.	
le calcul	*das Rechnen*	«39 + 25 = 63. Ah non, j'ai fait une erreur de calcul. Ça fait 64.»	
calculer	*rechnen*	faire des calculs	
la calculatrice (de poche)	*Taschenrechner*	machine qui fait des calculs	= la calculette
le physicien, la physicienne	*Physiker(in)*	spécialiste en physique	
l'état [m] **gazeux**	*gasförmiger Zustand*	sous forme de gaz	
l'état liquide	*flüssiger Zustand*	L'eau peut passer de l'état liquide à l'état gazeux.	
l'état solide	*fester Zustand*	qui n'est pas liquide ou gazeux	
le courant	*Strom*	Hier, on nous a coupé le courant.	

terme français	dt. Bedeutung	définition/contexte	syn./ant.
la tension	*Spannung*	On appelle *haute tension* une tension de plusieurs milliers de volts.	
la physique atomique	*Atomphysik*	partie de la physique qui concerne les atomes	= la physique nucléaire
le noyau atomique	*Atomkern*	partie centrale de l'atome	
la fission nucléaire	*Kernspaltung*	La fission nucléaire dégage de l'énergie.	
la fusion nucléaire	*Kernfusion*		
la radiation	*Strahlung*	énergie émise sous forme d'ondes	

5 Les arts

terme français	dt. Bedeutung	définition/contexte	syn./ant.
l'artiste [m, f]	*Künstler(in)*	personne qui crée des œuvres d'art	
artistique	*künstlerisch*	Cet enfant dessine bien, il a des dons artistiques.	
le commerce d'objets d'art	*Kunsthandel*		
l'éducation [f] artistique	*Kunsterziehung*	Le programme scolaire français compte une heure d'éducation artistique.	
l'œuvre [f] d'art	*Kunstwerk*	œuvre qui montre la volonté esthétique d'un artiste	
ancien, ancienne	*alt, antik*	qui date d'une époque antérieure	

terme français	dt. Bedeutung	définition/contexte	syn./ant.
authentique	*echt*	Au *Musée de l'Orangerie* à Paris, on visite 14 tableaux authentiques de Cézanne.	≠ faux
l'esthétique [f]	*Ästhetik*	le beau dans l'art	
esthétique	*ästhetisch*		
inaugurer une exposition	*eine Ausstellung eröffnen*	L'exposition sera inaugurée le 2 mars.	
le vernissage	*Eröffnung einer Kunstausstellung*	ouverture d'une exposition	
le dessin	*Zeichenkunst; Zeichnung*	Les dessins de la B.D. *Astérix* ont été faits par Albert Uderzo.	
le dessin au crayon	*Bleistiftzeichnung*		
le dessinateur, la dessinatrice	*Zeichner(in)*	personne qui fait des dessins	
la caricature	*Karikatur*	Le caricaturiste Plantu fait des caricatures pour *Le Monde*.	
le, la caricaturiste	*Karikaturist(in)*	Ranson est un caricaturiste très connu.	
la gravure	*Grafik*	reproduction de l'ouvrage du graveur	
l'eau-forte [f]	*Radierung*	Gustave Doré (19e siècle) était un excellent graveur d'eau-forte.	
l'encre [f] de Chine	*Tusche*		
le lavis	*Tuschezeichnung*	dessin d'encres ou de couleurs étendues d'eau	
le nu	*Akt*	œuvre qui représente le corps humain sans aucun vêtement	

terme français	dt. Bedeutung	définition/contexte	syn./ant.
poser	*Modell stehen*	servir de modèle à un artiste	
le pastel	*Pastell; Pastellfarbe*	œuvre faite de bâtons de couleur	
le portrait	*Porträt*	Delacroix était meilleur en peinture d'histoire qu'en portrait.	
peindre	*malen*	colorer avec de la peinture	
le peintre	*Kunstmaler(in)*	Les peintres de Montmartre sont une curiosité de Paris.	
la peinture à l'huile	*Ölgemälde; Ölmalerei*	tableau fait à l'huile	
la peinture murale	*Wandmalerei*		
la peinture rupestre	*Höhlenmalerei*	La *Grotte de Lascaux* en Dordogne est connue pour ses peintures rupestres préhistoriques.	
le tableau	*Gemälde*	La *Femme en chemise* est un tableau de Picasso.	
le tag	*Graffiti*	dessin en forme de signature plus ou moins décoratif (souvent dans un lieu public)	= les graffiti [mpl]
la toile	*Gemälde auf Leinwand*		
la sculpture	*Bildhauerkunst; Skulptur*	La célèbre *Vénus de Milo*, sculpure grecque, est à visiter au Louvre.	
la sculpture sur bois	*Holzschnitzerei*		
le sculpteur	*Bildhauer(in)*	«Ma fille Solange est sculpteur sur bois.»	

terme français	dt. Bedeutung	définition/contexte	syn./ant.
sculpter	*schnitzen, aushauen (z. B. in Stein)*	Rodin a sculpté *Le Penseur* entre 1880 et 1882.	
sculpter le bois	*schnitzen*		
le style architectural	*Baustil*	Le *Bauhaus* est un style architectural.	
l'art [m] roman	*Romanik*	art médiéval (du 10ᵉ siècle au 12ᵉ siècle)	
l'art gothique	*Gotik*	La cathédrale *Notre-Dame* de Chartres est un vaste édifice du gothique (12ᵉ au 16ᵉ siècle).	= le gothique
le baroque	*Barock*	style du 16ᵉ au 18ᵉ siècle	
l'art moderne	*moderne Kunst*		
l'art contemporain	*zeitgenössische Kunst*	art actuel	
la musique légère	*Unterhaltungsmusik*	A la radio, la musique légère domine.	
la musique religieuse	*Kirchenmusik*	Les chants grégoriens font partie de la musique religieuse.	= la musique sacrée
le, la mélomane	*Musikliebhaber(in)*	personne qui connaît et aime la musique	
le compositeur, la compositrice	*Komponist(in)*	Claude Débussy (1862–1918) était un compositeur français.	
l'auteur-compositeur [m]	*Liedermacher(in)*	Jean-Marie Vivier est auteur-compositeur.	
l'instrument [m] (de musique)	*(Musik-)Instrument*	objet qui sert à jouer de la musique	
jouer d'un instrument	*ein Instrument spielen*	Tu joues d'un instrument?	
l'instrument à vent	*Blasinstrument*	La clarinette est un instrument à vent.	

terme français	dt. Bedeutung	définition/contexte	syn./ant.
les bois [mpl]	*Holzblasinstrumente*		
les cuivres [mpl]	*Blechblasinstrumente*	les instruments à vent en cuivre	
la trompette	*Trompete*		
le, la trompettiste	*Trompeter(in)*	personne qui joue de la trompette	
l'instrument [m] à cordes	*Saiteninstrument*	Violons et contrebasses sont des instruments à cordes dans un orchestre.	
la guitare	*Gitarre*	La guitare est un instrument à six cordes.	
le, la guitariste	*Gitarrist(in)*	personne qui joue de la guitare	
le violon	*Geige, Violine*	instrument d'orchestre à quatre cordes	
le, la violoniste	*Geiger(in)*		
l'instrument [m] à clavier	*Tasteninstrument*	instrument sur les touches duquel on appuie les doigts pour avoir des sons	
le clavier	*Klaviatur*		
la touche	*Taste*		
le récital de piano	*Klavierkonzert*	concert de piano (d'un seul artiste)	
l'instrument [m] à percussion	*Schlaginstrument*	instrument dont on joue en frappant, son rôle est surtout rythmique	= l'instrument [m] de percussion
la batterie	*Schlagzeug*	ensemble des instruments à percussion dans un orchestre	
le batteur	*Schlagzeuger(in)*		
l'orchestre [m] de chambre	*Kammerorchester*	petit orchestre	

terme français	dt. Bedeutung	définition/contexte	syn./ant.
l'orchestre à cordes	*Streichorchester*		
l'orchestre symphonique	*Symphonie-orchester*	grand orchestre	
la chanson enfantine	*Kinderlied*	*Sur le pont d'Avignon* est une chanson enfantine traditionnelle.	
la chanson sentimentale	*Schnulze* [fam]		
la chanson à succès	*Schlager, Hit*	chanson qui est jouée très souvent (à la radio, p.ex.)	= le tube [fam]
le chant	*Gesang*	En 1792, Rouget de Lisle composa le *Chant de guerre de l'armée du Rhin* auquel les Parisiens donnèrent le nom de *Marseillaise*.	
l'hymne [m] (national)	*(National-) Hymne*	La *Marseillaise* est l'hymne national français.	
le couplet	*Liedstrophe*	La chanson *Il est cinq heures, Paris s'éveille* de Jacques Dutronc se compose de six couplets.	

L'information et la communication

1 La presse

terme français	dt. Bedeutung	définition/contexte	syn./ant.
la communication	*Kommunikation*	Internet est un moyen de communication moderne.	
les mass media(s) [mpl]	*Massenmedien*	L'influence des mass media comme la télévision sur l'opinion publique est énorme.	
le journal	*(Tages-)Zeitung*	publication plutôt quotidienne	
le quotidien	*Tageszeitung*	*Le Figaro* et *Le Monde* sont des quotidiens français.	
l'hebdomadaire [m]	*Wochenzeitung*	publication qui paraît une fois par semaine	
le mensuel	*Monatszeitschrift*	*Le Monde diplomatique* est un mensuel de 32 pages.	
la presse locale	*lokale Presse*		
la presse régionale	*regionale Presse*	Le *Courrier de l'Ouest* fait partie de la presse régionale.	
la presse nationale	*überregionale Presse*	*Le Monde* fait partie de la presse nationale.	
la presse à grand tirage	*Printmedien mit Massenauflage*		
la presse du cœur	*Regenbogenpresse*	La presse du cœur, a connu son heure de gloire dans la période qui a suivi la Seconde Guerre mondiale.	
l'agence [f] de presse	*Presseagentur*	*l'Agence France-Presse* (A.F.P.) est une des agences de presse les plus importantes d'Europe.	

terme français	dt. Bedeutung	définition/contexte	syn./ant.
le magazine d'information	*Nachrichtenmagazin*	*L'Express, Le Nouvel Observateur, Le Point,* p. ex.	
la revue	*Zeitschrift*	*Phosphore* est une revue pour jeunes (de 15 à 25 ans).	= le magazine
le courrier des lecteurs	*Leserbriefe*	Le courrier des lecteurs permet à chacun de donner son avis sur un article.	
l'éditorial [m]	*Leitartikel*	article provenant de la direction d'un journal et montrant son orientation générale	
le faire-part	*Familienanzeige*	Dans tous les journaux locaux, on peut passer des faire-part de mariage, de naissance et de décès.	
la manchette	*Schlagzeile*	titre très large sur la une	= le gros titre
les petites annonces	*Anzeigenteil*	«Si tu veux acheter une maison, tu dois regarder les petites annonces dans la rubrique de l'immobilier.»	
la rubrique économique	*Wirtschaftsteil*		
la une	*Titelseite*	première page d'un journal	
faire des recherches	*recherchieren*	Le journaliste a fait des recherches exhaustives.	
dénoncer les abus	*Missstände aufzeigen*	Les abus ont été dénoncés à maintes reprises.	
la révélation	*Enthüllung*	le fait de faire connaître un secret	
révéler un scandale	*einen Skandal aufdecken*	Il a révélé un scandale au sein de la gendarmerie.	
la source officielle	*amtliche Quelle*	«Voilà une information de source officielle.»	

terme français	dt. Bedeutung	définition/contexte	syn./ant.
la source sûre	*zuverlässige Quelle*		
garder le secret des sources	*Quellen vertraulich behandeln*	Pour obtenir des informations, le journaliste garde le secret des sources.	
vérifier une information	*eine Information überprüfen*	Le journaliste est obligé de vérifier une information avant de la publier.	
l'objectivité [f]	*Sachlichkeit*	caractère de présenter fidèlement une information	
la partialité	*Einseitigkeit*	le fait de prendre parti pour ou contre qn	≠ l'impartialité [f]
tendancieux, tendancieuse	*tendenziös*	peu objectif	
déformer la réalité	*die Wahrheit verdrehen*	Dans cet article, ils ont vraiment déformé la réalité.	
respecter la vérité	*der Wahrheit treu bleiben*	Il s'est fait une réputation en respectant la vérité.	
l'atteinte à la vie privée	*Verletzung der Privatsphäre*	«Cet article est une atteinte à la vie privée et à la réputation du député!»	
la campagne de presse	*Pressekampagne*	période de propagande contre qn	
la diffamation	*Verleumdung*		= la calomnie
poursuivre qn en diffamation	*jdn. wegen Verleumdung verklagen*	accuser qn d'avoir diffamé une autre personne	
le droit de réponse	*Recht auf Gegendarstellung*		
la rectification	*Richtigstellung*	action de corriger une information incorrecte	

2 L'audiovisuel

terme français	dt. Bedeutung	définition/contexte	syn./ant.
l'audiovisuel [m]	*Funk und Fernsehen*	moyens de communication audiovisuels	
la radio	*Rundfunk (sender); Radiogerät*	*France Inter* est une radio populaire qui existe depuis 1947.	
la radio libre	*privater Rundfunk(sender)*	En 1997, *Maurice Radio Libre* a fait ses premiers pas en direct dans toute la France.	
la radio publique	*staatlicher Rundfunk(sender)*		
l'émission [f] radiophonique	*Radiosendung*	ce qui est émis à la radio	
la pièce radiophonique	*Hörspiel*	«Ce soir, *France Culture* présente une pièce radiophonique.»	
le baladeur	*Walkman*	petit lecteur de cassettes ou de CD	= le walkman
le disque compact (CD)	*CD*	Les CD et les DVD s'achètent aussi sur Internet.	
le lecteur de CD	*CD-Player*		
le disque numérique polyvalent (DVD)	*DVD*	Le DVD permet de regarder des films en très bonne qualité.	
la chaîne stéréo	*Stereonalage*	appareil à plusieurs haut-parleurs permettant une bonne restitution des sons	
le tuner	*Tuner*		
le lecteur mp3	*mp3-Player*	Parmi les élèves, le lecteur mp3 est très populaire.	

terme français	dt. Bedeutung	définition/contexte	syn./ant.
la chaîne de télévision	*Fernsehsender*	*TV10 Angers* est une chaîne de télévision locale.	
la chaîne à péage	*Pay-TV*	*Canal+* est une chaîne à péage cryptée.	
la télévision par cable	*Kabelfernsehen*		
la télévision numérique	*Digitalfernsehen*	La France est le numéro un européen de la télévision numérique.	
la télévision publique	*staatliches Fernsehen*	Les chaînes suivantes représentent la télévision publique: *F2, F3, Arte La* 5 et *M6*.	≠ la télévison privée
le poste de télévision	*Fernsehgerät*	poste récepteur de télévision	= le téléviseur, la télévision
la télécom-mande	*Fernbedienung*	petit instrument qui permet de changer de chaîne	
l'antenne [f] parabolique	*Satellitenschüssel*		
le décodeur	*Decoder*	appareil qui permet de restituer en clair un signal de télévision crypté	
le satellite de télévision	*Fernsehsatellit*	*Eutelsat* est un satellite de télévision à l'aide duquel on peut recevoir *TV5*.	
le bulletin météoro-logique	*Wetterbericht*	Ce bulletin météoro-logique a été emis par Météo France.	= la météo [fam]
l'émission [f] télévisée	*Fernsehsendung*		
l'émission culturelle	*Kultursendung*	Sur *Arte*, on trouve beaucoup d'émissions culturelles en langue française.	

terme français	dt. Bedeutung	définition/contexte	syn./ant.
l'émission [f] documentaire	*Dokumentarsendung*	Tu as vu l'émission documentaire sur la planète Mars?	
le jeu télévisé	*Quizsendung*	Le jeu télévisé *Qui veut gagner des million?* est très populaire.	
le journal télévisé	*Nachrichtensendung*	émission d'informations actuelles	
la table ronde	*Talkshow*	émission où l'on discute d'un problème	
l'heure [f] de diffusion	*Sendezeit*		
le prime time [praimtaim]	*Hauptsendezeit*	période de la plus forte écoute des programmes (début de soirée)	
le taux d'écoute	*Einschaltquote*	nombre d'auditeurs d'une émission	
le téléspectateur, la téléspectatrice	*Fernsehzuschauer(in)*	personne qui regarde la télévision	
zapper	*zappen*	passer d'une chaîne à l'autre au moyen de la télécommande	
l'enregistrement [m]	*Aufzeichnung; Aufnahme einer Sendung*	conservation d'une émission sur une vidéocassette, p. ex.	
le magnétoscope	*Videorekorder*	appareil qui permet d'enregistrer une émission	
la caméra vidéo	*Videokamera*		

3 La télécommunication et l'informatique

terme français	dt. Bedeutung	définition/contexte	syn./ant.
la télécommunication	*Telekommunikation*	télégraphe, téléphone, télévision, etc.	
le téléphone mobile	*Handy*	Vous trouvez différents logos pour le téléphone mobile sur Internet.	= le portable
le téléphone sans fil	*schnurloses Telefon*	De plus en plus de ménages disposent d'un téléphone sans fil.	
la cabine téléphonique	*Telefonzelle*		
la télécarte	*Telefonkarte*	carte à l'aide de laquelle on peut téléphoner dans une cabine téléphonique	
le combiné	*Hörer*	partie du téléphone qui réunit écouteur et microphone	
décrocher	*den Hörer abnehmen*	Le téléphone sonne, décroche donc!	
raccrocher	*den Hörer auflegen*	En raccrochant on coupe la communication.	
le répondeur (téléphonique)	*Anrufbeantworter*	appareil qui répond, au moyen d'un enrigistrement, à un appel	
composer le numéro	*wählen*	«Excusez-moi, j'ai composé le faux numéro.»	= faire le numéro
l'indicatif [m]	*Vorwahl*	L'indicatif de la France est 33.	
la communication urbaine	*Ortsgespräch*	La communication urbaine se fait sans indicatif.	
la communication interurbaine	*Ferngespräch*	En France, la communication interurbaine est divisée en cinq régions.	

terme français	dt. Bedeutung	définition/contexte	syn./ant.
la communication internationale	*Auslandsgespräch*	conversation téléphonique avec l'étranger	
l'annuaire [m]	*Telefonbuch*	recueil qui contient des numéros de téléphone	= le bottin [fam]
les pages [fpl] jaunes	*gelbe Seiten*		
la télécopie	*Fax*	procédé qui permet la reproduction d'un document à distance	= le fax [fam]
le télécopieur	*Faxgerät*		
télécopier	*faxen*	Pourriez-vous me télécopier cette page, s.v.p.?	= faxer [fam]
l'informaticien [m], l'informaticienne [f]	*Informatiker(in)*	spécialiste en informatique	
l'informatique [f]	*Informatik*	technique du traitement automatique des informations	
le traitement des données	*EDV*		
l'ordinateur [m]	*Computer*	La plupart des comptables travaillent sur ordinateur	= le PC
l'ordinateur portable	*Laptop*	Les ordinateurs portables deviennent de plus en plus performants.	
la programmation	*Programmierung*	*Pascal* est un langage de programmation.	
programmer	*programmieren*		
le bit	*Bit*	unité élémentaire d'information	
l'octet [m]	*Byte*	base de huit caractères qu'on utilise en informatique	

terme français	dt. Bedeutung	définition/contexte	syn./ant.
le kilooctet (Ko)	*Kilobyte*	1024 octets	
le mégaoctet (Mo)	*Megabyte*	1024 mégaoctets	
le matériel	*Hardware*	tout élément électronique, par opposition au software	= le hardware
la mémoire	*Speicher*	dispositif qui permet de conserver les informations sur un ordinateur	
la puce	*Chip*		
la capacité de stockage	*Speicherkapazität*	La capacité de stockage d'un CD-ROM est de 700 Mo ou plus.	
enregistrer	*speichern*	Il vaut mieux enregistrer les données régulièrement.	= mémoriser
le CD-ROM	CD-ROM	L'*Encyclopédie Universelle Larousse 2004 classique* est une encyclopédie sur trois CD-ROM.	= le cédérom
le lecteur de CD-ROM	*CD-ROM-Laufwerk*	Il nous faudrait un lecteur CD-ROM plus performant.	
le disque dur	*Festplatte*	disque à grande capacité de stockage qui se trouve dans l'ordinateur	
la disquette	*Diskette*	petit disque utilisé pour enregistrer des informations	
le lecteur de disquette	*Disketten-laufwerk*	Vous disposez d'un lecteur de disquette externe?	
annuler	*löschen*	Quel malheur! Il a annulé toutes les données.	= effacer
le périphérique	*Peripheriegerät*	L'imprimante et le modem sont des périphériques.	

terme français	dt. Bedeutung	définition/contexte	syn./ant.
le clavier	*Tastatur*	appareil sur les touches duquel on appuie pour écrire, p. ex.	
l'imprimante [f]	*Drucker*	appareil lié à l'ordinateur qui sert à imprimer	
l'imprimante à jet d'encre	*Tintenstrahldrucker*		
la cartouche (d'impression)	*Tintenpatrone*	Pour cette imprimante, il faut acheter une cartouche trois couleurs.	
l'imprimante [f] **laser**	*Laserdrucker*		
le moniteur	*Monitor*	écran d'un ordinateur	
le scanner	*Scanner*	appareil qui sert à numériser un document ou une photo	
scanneriser	*einscannen*		
la souris	*Maus*	La souris a deux ou trois touches sur lesquelles on appuie pour donner des instructions.	
cliquer sur	*klicken auf*		
le logiciel	*Software*	ensemble des programmes (sur un ordinateur, p. ex.)	= le software
le logiciel piraté	*Raubkopie*		
le système d'exploitation	*Betriebssystem*	*MS-DOS*, *Linux*, *Unix* et *Windows NT* sont des systèmes d'exploitation.	
l'application [f]	*Programm; Anwendung*		
le traitement de texte	*Textverarbeitung*	logiciel qui sert à éditer un texte (*Word* p. ex.)	
le ludiciel	*Computerspiel*	un jeu qui se joue sur ou avec un ordinateur	= le jeu électronique

terme français	dt. Bedeutung	définition/contexte	syn./ant.
les données [fpl]	*Daten*	les informations (qui sont sur disquette, p. ex.)	
introduire des données	*Daten eingeben*	enregistrer des données sur un ordinateur	
la sauvegarde des données	*Datensicherung*	enregistrer des données sur un support externe, pour éviter de les perdre	
le fichier	*Datei*	groupement de données	
le mot de passe	*Passwort*	suite de symboles qui permettent l'accès à des ressources ou à des données privées	
coder	*verschlüsseln*	Pour plus de sécurité, il faut coder les données.	≠ décoder
le pirate informatique	*Hacker*		
le virus (électronique)	*Virus*	instruction qui trouble l'ordinateur ou un programme dans son fonctionnement	
le programme antivirus	*Anti-Viren-Programm*		
l'Internet [m]	*Internet*	L'Internet a été mis au point en 1991.	
naviguer sur Internet	*im Internet surfen*	Pour naviguer sur Internet, il vous faut un logiciel de navigation.	= surfer sur Internet
l'accès [m] à Internet	*Internetzugang*		
l'internaute [m, f]	*Internetnutzer(in)*	personne qui surfe sur Internet	
le cybercafé	*Internet-Café*		
l'achat [m] en ligne	*Online-Shopping*	L'achat en ligne devient de plus en plus populaire.	

terme français	dt. Bedeutung	définition/contexte	syn./ant.
le site (web)	*Website*	Sur le site du magazine *L'Express*, on trouve des milliers d'articles.	
le courrier électronique	*E-Mail*	lettres envoyées au moyen d'Internet	= le courriel, le message électronique, le mél, l'e-mail [m]
la discussion directe	*Chat*	«bavardage» sur Internet	= le chat
le forum de discussion	*Chat-Room*		
le fournisseur d'accès	*Provider*	société qui vous permet de vous connecter	
le logiciel de navigation	*Browser*		
le moteur de recherche	*Suchmaschine*	Voilà quelques moteurs de recherche en langue française: *www.google.fr*, *www.lycos.fr* et *www.wanadoo.fr*.	
le service en ligne	*Online-Dienst*	AOL est un service en ligne important.	
télécharger	*herunterladen*		

Liste de faux amis

l'artiste [m, f]	*Künstler(in)*	l'acrobate [m, f]	*Artist(in)*
attractif, attractive	*anziehend (Physik etc.)*	attirant, e	*attraktiv*
la balade	*Bummel*	la ballade	*Ballade*
la balance	*Waage*	l'équilibre [m]	*Balance, Gleichgewicht*
blanc, blanche	*weiß*	brillant, e	*blank, glänzend*
la blouse	*Kittel*	le chemisier	*Bluse*
le briquet	*Feuerzeug*	la briquette	*Brikett*
la censure	*Zensur (Kontrolle)*	la note	*Zensur (Schule)*
le clavier	*Tastatur*	le piano	*Klavier*
le coffre	*Kofferraum; Truhe*	la valise, la malle	*Koffer*
le compas	*Zirkel*	la boussole	*Kompass*
le concours	*Wettbewerb*	la faillite	*Konkurs*
le costume	*Anzug; Tracht*	l'ensemble [m]	*Kostüm*
le couvert	*Gedeck*	l'enveloppe [f]	*Kuvert, Briefumschlag*
délicat, e	*heikel*	délicieux, délicieuse	*delikat, köstlich*
la démonstration	*Vorführung*	la manifestation	*Demonstration*
effectif, effective	*tatsächlich; wirksam*	efficace	*effektiv*
l'Etat; l'état [m]	*Staat; Zustand*	le budget	*Etat, Haushalt*
familier, familière	*ungezwungen; vertraut, geläufig*	familial, e	*familiär*
la fantaisie	*Laune*	l'imagination [f]	*Fantasie*
la figure	*Gesicht*	la silhouette	*Figur*
la fontaine	*(Spring-)Brunnen*	le jet d'eau	*Fontäne*

la glace	*Eis; Spiegel; Glasscheibe*	**le verre**	*Glas*
gros, grosse	*dick; schwer*	**grand, e**	*groß*
le gymnase	*Turnhalle*	**le lycée**	*Gymnasium*
impotent, e	*unbeweglich*	**impuissant, e**	*impotent*
indiscutable	*unbestreitbar*	**inacceptable**	*indiskutabel*
mamie [fam]	*Oma*	**maman** [fam]	*Mami*
le manège	*Karussel; Reitbahn*	**la piste**	*Manege*
la modération	*Mäßigung*	**la présentation**	*Moderation*
net, nette	*sauber, deutlich*	**gentil, gentille**	*nett*
ordinaire	*üblich; gewöhnlich; einfach*	**vulgaire**	*ordinär*
originel, originelle	*ursprünglich*	**original, e**	*originell*
papi [fam]	*Opa*	**papa** [fam]	*Papi*
la parole	*Wort, Sprache*	**le slogan**	*Parole*
le, la pensionnaire	*Pensionsgast; Internatsschüler(in)*	**le, la retraité(e)**	*Pensionär(in)*
la phrase	*Satz*	**la formule**	*Phrase*
le plan	*Plan (Zeichnung)*	**le projet**	*Plan (Projekt)*
la planque	*Versteck*	**la planche**	*Planke*
la politesse	*Höflichkeit*	**la contractuelle**	*Politesse*
la promotion	*Sonderangebot; (berufliche) Beförderung*	**le doctorat, la thèse**	*Promotion*
la pute [fam]	*Hure*	**la dinde**	*Pute*
la raquette	*Schläger (Tennis etc.)*	**la fusée**	*Rakete*
le rat	*Ratte*	**le conseil**	*Rat(schlag)*
la recette	*Kochrezept*	**l'ordonnance** [f]	*Rezept (Apotheke)*
le régal	*Genuss*	**les étagères** [fpl]	*Regal*
le roc	*Felsen*	**la jupe**	*Rock (Kleidungsstück)*
roman, e	*romanisch*	**romain, e**	*römisch*

le, la romantique	*Romantiker(in)*	le romantisme	*Romantik*
le rouleau	*Rolle, Walze*	le store	*Rollo*
la route	*(Land-)Straße*	l'itinéraire [m]	*Route, Strecke*
le secret	*Geheimnis*	la sécrétion	*Sekret*
le sexe	*Geschlecht*	les rapports [mpl] sexuels	*Sex*
sortir	*hinausgehen*	trier	*sortieren*
le souterrain	*unterirdischer Gang*	le sous-sol	*Souterrain, Kellergeschoss*
le spectacle	*Schauspiel, Vorstellung*	le tapage	*Spektakel, Krach*
le stock	*Vorrat*	le bâton	*Stock, Stab*
la tablette	*Ablage; Tafel (Schokolade)*	le plateau	*Tablett*
le thé	*schwarzer Tee*	la tisane, l'infusion [f]	*(Kräuter-)Tee*
la tour	*Hochhaus; Turm*	le tour, l'excursion [f]	*Tour*
le toupet	*Dreistigkeit*	la postiche	*Toupet*
tourner	*(um)rühren; drehen*	faire de la gym(nastique)	*turnen*
le trésor	*Schatz*	le coffre-fort	*Tresor*
le tricot	*das Stricken; Strickjacke*	le maillot	*Trikot*
la vase	*Schlamm*	le vase	*Vase*
la veste	*Jacke; Jackett*	le gilet	*Weste*
volontaire	*freiwillig*	le, la stagiaire	*Volontär(in)*

Liste d'abréviations

l'A.N.P.E. [f]	Agence nationale pour l'emploi	entspricht *Bundesagentur für Arbeit*
le bac ES	baccalauréat sciences économiques et sociales	etwa *Wirtschaftsabitur*
le bac L	baccalauréat littéraire	etwa *literarisch-sprachliches Abitur*
le bac pro	baccalauréat professionnel	etwa *Berufsabitur*
le bac S	baccalauréat scientifique	etwa *mathematisch-naturwissenschaftliches Abitur*
le bac T	baccalauréat technique	etwa *Fachabitur*
B.C.B.G.	bon chic bon genre	*schick*
la BCE	Banque centrale européenne	*Europäische Zentralbank*
le B.E.P.	brevet d'études professionnelles	etwa *Berufsfachschulabschluss*
le B.E.P.C.	brevet d'études du premier cycle	etwa *Realschulabschluss*
la B.D.	bande dessinée	*Comic*
le B.T.S.	brevet de technicien supérieur	etwa *Fachhochschulabschluss*
le C.A.P.	certificat d'aptitude professionelle	*Berufschulabschluss*
le CDI	centre de documentation et d'information	*Dokumentations- und Informationsstelle einer Schule*
la C.E.C.A.	Communauté européenne du charbon et de l'acier	*Europäische Gemeinschaft für Kohle und Stahl, Montanunion*
la C.E.E.	Communauté économique européenne	*Europäische Wirtschaftsgemeinschaft*
le C.E.S.	collège d'enseignement secondaire	etwa *Sekundarstufe I*
le courriel	courrier électronique	*E-Mail*
le C.P.	cours préparatoire	*erste Grundschulklasse*

le C.V.	curriculum vitae	*Lebenslauf*
le DEUG [dœg]	diplôme d'études universitaires générales	entspricht *Vordiplom, Zwischenprüfung*
le D.O.M.	département d'outre-mer	*überseeisches Departement*
les D.O.M.-T.O.M. [mpl]	départements d'outre-mer et territoires d'outre-mer	*überseeische Departements und Gebiete*
l'E.N.A. [f]	Ecole nationale d'administration	*Elitehochschule für Verwaltung*
l'E.S.B. [f]	encéphalopathie spongiforme bovine	*BSE, Rinderwahnsinn*
le FN	Front national	*extreme Rechtspartei*
H.L.M. [f]	habitation à loyer modéré	*Sozialwohnung*
J.-C.	Jésus-Christ	*Jesus Christus*
la M.J.C.	Maison de la jeunesse et de la culture	*Jugendzentrum*
le M.L.F.	Mouvement de libération des femmes	*Frauenbewegung*
les NU [fpl]	Nations Unies	*Vereinte Nationen*
l'O.F.A.J. [m]	Office franco-allemand pour la Jeunesse	*Deutsch-Französisches Jugendwerk*
l'O.L.P. [f]	Organisation de Libération de la Palestine	*Palästinensische Befreiungs-organisation, PLO*
l'O.M.S. [f]	Organisation mondiale de la Santé	*Weltgesundheitsorganisation, WHO*
l'O.N.G. [f]	Organisation non gouvernementale	*Nicht-Regierungsorganisation*
l'ONU [f], **Onu**	Organisation des Nations Unies	*Vereinte Nationen*
l'O.P.E.P. [f]	Organisation des pays exportateurs de pétrole	*OPEC*
l'O.S. [m]	ouvrier spécialisé	*angelernter Arbeiter*
l'O.T.A.N. [f]	Organisation du traité de l'Atlantique Nord	*NATO*

le Pacs, pacs	pacte civil de solidarité	*Lebensgemeinschaft zweier nicht verheirateter Personen*
le PCF	Parti communiste français	*Kommunistische Partei Frankreichs*
le P.I.B.	produit intérieur brut	*Bruttoinlandsprodukt*
le P.N.B.	produit national brut	*Bruttosozialprodukt*
p. o.	par ordre	*im Auftrag*
le P.S.	Parti socialiste	*sozialistische Partei Frankreichs*
les P.T.T. [fpl]	Postes, Télégraphe, Téléphone	*Post- und Fernmeldewesen*
le P.-V.	procès-verbal	*Strafmandat*
le Q.C.M.	questionnaire à choix multiple	*Multiplechoice-Test*
le Q.I.	quotient intellectuel	*Intelligenzquotient*
la R.A.T.P.	Régie autonome des transports parisiens	*Pariser Verkehrsbetriebe*
le R.E.R.	réseau express régional	*Pariser Nahverkehrsnetz*
la R.F.	Rébublique française	*Französische Republik*
le R.I.B.	relevé d'identité bancaire	*Bankverbindung*
le R.M.I.	revenu minimum d'insertion	etwa *Sozialhilfe*
la S.A.	société anonyme	*Aktiengesellschaft*
le S.A.M.U.	Service d'aide médicale d'urgence	*Rettungsdienst; Notarzt*
la S.A.R.L.	Société à Responsabilité Limitée	*Gesellschaft mit beschränkter Haftung, GmbH*
le, la S.D.F.	sans domicile fixe	*Obdachlose(r)*
le SIDA, sida	syndrome d'immuno-déficience acquise	*Aids*
le S.M.I.C., Smic	le salaire minimum interprofessionnel de croissance	*garantierter Mindestlohn*
la S.N.C.F.	Société nationale des chemins de fer français	*frz. Eisenbahngesellschaft*
le T.G.V.	train à grande vitesse	*frz. Hochgeschwindigkeitszug*

T.T.C.	toutes taxes comprises	*inkl. Mehrwertsteuer*
la T.V.A.	taxe sur la valeur ajoutée	*Mehrwertsteuer*
l'U.D.F. [f]	Union pour la démocratie française	*bürgerlich-liberales Parteienbündnis*
l'U.E. [f]	Union européenne	*Europäische Union*
le V.T.T.	vélo tout terrain	*Mountainbike*
la Z.E.P.	Zone d'Education Prioritaire	etwa *Gebiet mit sozialen Spannungen, in dem die pädagogische Arbeit besonders intensiviert wird* (z.B. *die* banlieues)
la Z.U.P.	zone à urbaniser en priorité	*Neubaugebiet*

Ihre Meinung ist uns wichtig!

Ihre Anregungen sind uns immer willkommen. Bitte informieren Sie uns mit diesem Schein über Ihre Verbesserungsvorschläge!

Titel-Nr.	Seite	Vorschlag

Bitte hier abtrennen

Bitte hier abtrennen ✂

Zutreffendes bitte ankreuzen! Die Absenderin/der Absender ist:

- ☐ Lehrer/in den Klassenstufen: ______
- ☐ Fachbetreuer/in
  Fächer: ______
- ☐ Seminarlehrer/in
  Fächer: ______
- ☐ Regierungsfachberater/in
  Fächer: ______
- ☐ Oberstufenbetreuer/in
- ☐ Schulleiter/in
- ☐ Leiter/in Lehrerbibliothek
- ☐ Leiter/in Schülerbibliothek
- ☐ Referendar/in, Termin 2. Staatsexamen: ______
- ☐ Sekretariat
- ☐ Schüler/in, Klasse: ______
- ☐ Eltern
- ☐ Sonstiges: ______

STARK Verlag
Postfach 1852
85318 Freising

13-V1T

Bitte ausfüllen und im frankierten Umschlag an uns einsenden. Für Fensterkuverts geeignet.

Kennen Sie Ihre Kundennummer? Bitte hier eintragen.

Absender (Bitte in Druckbuchstaben!)

Name/Vorname

Straße/Nr.

PLZ/Ort

Telefon privat

Geburtsjahr

E-Mail

Schule/Schulstempel (Bitte angeben!)

Unterrichtsfächer: (Bei Lehrkräften!)

Sicher durch das Abitur!

Effektive Abitur-Vorbereitung für Schülerinnen und Schüler: Klare Fakten, systematische Methoden, prägnante Beispiele sowie Übungsaufgaben auf Abiturniveau mit erklärenden Lösungen zur Selbstkontrolle.

Mathematik

Analysis I – (Pflichtteil) Baden-Württemberg *lieferbar ab ca. Jan. 04*	Best.-Nr. 84001
Analysis II – (Wahlteil) Baden-Württemberg *lieferbar ab ca. Dez. 03*	Best.-Nr. 84002
Analysis – LK	Best.-Nr. 94002
Analysis – gk	Best.-Nr. 94001
Analytische Geometrie Baden-Württemberg	Best.-Nr. 84003
Analytische Geometrie und lineare Algebra 1	Best.-Nr. 94005
Analytische Geometrie und lineare Algebra 2 – gk/LK	Best.-Nr. 54008
Stochastik – LK	Best.-Nr. 94003
Stochastik – gk	Best.-Nr. 94007
Kompakt-Wissen Abitur Analysis	Best.-Nr. 900151
Kompakt-Wissen Abitur Wahrscheinlichkeitsrechnung und Statistik	Best.-Nr. 900351
Kompakt-Wissen Abitur Analytische Geometrie	Best.-Nr. 900251
Kompakt-Wissen Algebra	Best.-Nr. 90016
Kompakt-Wissen Geometrie	Best.-Nr. 90026
Klassenarbeiten Mathematik 11. Klasse	Best.-Nr. 900451

Physik

Elektrisches und magnetisches Feld – LK	Best.-Nr. 94308
Elektromagnetische Schwingungen und Wellen – LK	Best.-Nr. 94309
Atom- und Quantenphysik – LK	Best.-Nr. 943010
Kernphysik – LK	Best.-Nr. 94305
Physik 1 – gk	Best.-Nr. 94321
Physik 2 – gk	Best.-Nr. 94322

Chemie

Chemie 1 Baden-Württemberg	Best.-Nr. 84731
Chemie 2 Baden-Württemberg	Best.-Nr. 84732
Chemie 1 – LK K12	Best.-Nr. 94731
Chemie 2 – LK K13	Best.-Nr. 94732
Chemie 1 – gk K12	Best.-Nr. 94741
Chemie 2 – gk K13	Best.-Nr. 94742
Rechnen in der Chemie	Best.-Nr. 84735
Abitur-Wissen Protonen und Elektronen	Best.-Nr. 947301
Abitur-Wissen Stoffklassen organischer Verbindungen	Best.-Nr. 947304
Abitur-Wissen Biomoleküle	Best.-Nr. 947305
Abitur-Wissen Biokatalyse u. Stoffwechselwege	Best.-Nr. 947306

Biologie

Training Methoden Biologie Grundlagen, Arbeitstechniken und Methoden	Best.-Nr. 94710
Biologie 1 – Baden-Württemberg	Best.-Nr. 8470
Biologie 2 – Baden-Württemberg	Best.-Nr. 847[illegible]2
Biologie 1 – LK K12	Best.-Nr. 947[illegible]1
Biologie 2 – LK K13	Best.-Nr. 947[illegible]2
Biologie 1 – gk K12	Best.-Nr. 94[illegible]15
Biologie 2 – gk K13	Best.-Nr. 94[illegible]16
Chemie für Biologen	Best.-Nr. 54[illegible]05
Abitur-Wissen Genetik	Best.-Nr. 9[illegible]703
Abitur-Wissen Neurobiologie	Best.-Nr. 9[illegible]705
Abitur-Wissen Verhaltensbiologie	Best.-Nr. [illegible]4706
Abitur-Wissen Evolution	Best.-Nr. [illegible]4707
Abitur-Wissen Ökologie	Best.-Nr. [illegible]4708
Abitur-Wissen Zell- und Entwicklungsbiologie	Best.-Nr. 94709
Lexikon Biologie	Best.-Nr. 94711

(Bitte blättern Sie um)